CEMENT CHEMISTRY

[For Diploma Students]

FIRST EDITION

Important for
Cement Technology Engineering
Students

By:
Kuldeep Singh

As Per RGPV Syllabus

प्रस्तावना

....

प्रस्तुत पुस्तक का उद्देश्य छात्रों को सीमेंट निर्माण में होने वाले रसायन विज्ञान के बहुत प्रारंभिक ज्ञान की जानकारी देना है, विभिन्न कॉलेजों में सीमेंट रसायन के नाम से पढ़ाया जाने वाला रसायन विज्ञान का पाठ्यक्रम बहुत विविध प्रकृति का है।

एक सीमित स्थान में सभी विषयों का पूर्ण कवरेज देना काफी असंभव है, लेकिन लेखक ने पाठ्यक्रम के विषयों को आधुनिक विचारों का सम्मिश्रण प्रस्तुत किया है।

शिक्षकों ने कुछ अनुभव के रूप में, छोटे प्रश्नों और उत्तरों के साथ–साथ संख्यात्मक समस्याओं के समाधान को संलग्न करने का प्रयास किया है।

इस नोटबुक को जितना संभव हो सका है उतना अच्छा बनाने के प्रयास में, कई विषयों का वर्णन किया गया है, और लेखक को उम्मीद है कि यह पुस्तक डिप्लोमा कॉलेजों, विशेष रूप से हिंदी माध्यम के छात्रों के लिए सीमेंट रसायन विज्ञान की पाठ्य पुस्तक के रूप में उपयोगी होने के उद्देश्य को पूरा करेगी।

धन्यवाद

The object of the present book is to serve the students with a very elementary knowledge of chemisty happens in cement manufacturing, the syllabus of chemisty taught in the name of cement chemistry in different colleges is of very diverse in nature.

It is rather quite impossible to give a complete coverage of all topics in a limited space, but the author has deals of modern views of topics of the syllabus.

As the teachers of some experience, the authors are well aware of the great value for attaching the short questions and answers as well as solutions of the numerical problems.

In an effort to make this notebook as good as possible, a large number of topics have been dealts with and the author hope that this will serve the purpose of making the book usful as a text book of Cement chemisty for diploma colleges, specially hindi stream stundents.

Thanks

As Per RGPV Syllabus

:Table of Contents:

As Per RGPV Syllabus

	"Different Methods Of Raw Mix Design, Two, Three, Four, Component Designs, Criteria For Raw Mix Design, Chemical Composition Of Raw Materials Of Cement Clinker, Quality Control At The Lime Stone Quarry, Potential Clinker Composition. Different Methods Of Raw Mix Design, Two, Three, Four, Component Designs"	31-51
Learning Outcome 1:	*"Different Methods Of Raw Mix Design, Two, Three, Four, Component Designs, Criteria For Raw Mix Design, Chemical Composition Of Raw Materials Of Cement Clinker, Quality Control At The Lime Stone Quarry, Potential Clinker Composition. Different Methods Of Raw Mix Design, Two, Three, Four, Component Designs"*	31-51
Learning Outcome 2 –	*Student will be able to specify the physical and chemical requirements of raw mix and clinker and their effects* Physical and chemical requirements of raw mix and clinker, hydraulic modulus, silica ratio, alumina ratio, silicic acid ratio, lime saturation factor, standard lime, control of LSF, SR, AR, HM, and their effects, mineral phases of the Portland cement clinker or compound composition of clinkers (C3S, C2S, C3A, C4AF), characteristics of the compound compositions of clinker*	52-61
Learning Outcome 3	*Student will be able to Solve the given problems on cement modules and compound compositions of clinker Bogue's formula, calculation of raw mix compositions (CaO, Al2O3, Fe2O3, SiO2), calculation of compound compositions of clinker (C3S, C2S, C3A, C4AF) and cement modules (LSF, SR, AR, HM, etc).*	62-71
Chapter:03		72-88
Learning Outcome: 1	*Student will be able to draw an overall block diagram of cement manufacturing process and explain the process with setting and hardening of cement. Different methods of cement manufacturing, dry process, wet process, semi dry process, their advantages and disadvantages, block diagram of dry process and wet process, Setting and hardening of cement, reactions during setting and hardening, sequence of changes during setting and hardening of*	72-81

                As Per RGPV Syllabus

	cement (block diagram), function of gypsum, and hydration reaction of gypsum. Setting and hardening of blended Portland cements.	
Learning Outcome: 2	*Different types of cement, Ordinary Portland cement (OPC), white cement, moderate heat Portland cement, rapid hardening cement, low heat cement, IRST-40 cement, blended PC, Portland pozzolana cement, blast furnace slag cement, their properties, composition, Estimation of pozzolana and slag percentage in cement.*	82-88
Chapter:04		89-109
Learning Outcome 1	*Describe the different physical and chemical properties of cement. Evaluation of physical and chemical of properties of cement, consistency, Initial and final setting time, compressive strength, soundness by Lechatelier's method and by autoclave test, fineness by sieve analysis and by air permeability method (Blain), loss on ignition, insoluble residue, burn ability index, burn ability factor.*	89-94
Learning Outcome 2	*Student will be able to test the consistency, setting time, compressive strength, fineness and soundness of cement. Determination of consistency, setting time, Compressive strength, fineness and soundness of cement*	95-103
Learning Outcome 3	*Determine the liter weight meter, insoluble residue and drying shrinkage. Determination of liter weight meter, residue and drying shrinkage. Laboratory test*	104-106
Learning Outcome 4	*Safety precautions while performing experiments. Instructions related with safety precautions during experiments.*	107-109

　　　　　　As Per RGPV Syllabus

Chapter:05		110-145
Learning Outcome 1	*Define the pyro processing with chemical reactions during clinker burning and describe the proximate and ultimate analysis of coal* *Pyro Processing in kiln section, Reaction of clinkerisation process at different temperature in the preheater and kiln (chemical transformation). Flow of raw materials and hot gases in Kiln section, specifications of kiln. Classification of fuels, characteristics of good fuel, analysis of coal, proximate analysis, ultimate analysis, orsat gas analysis.*	110-126
Learning Outcome 2	*Student will be able to calculate the calorific value of coal by bomb calorimeter. Calculation of calorific value of coal by using bomb calorimeter*	127-129
Learning outcome 3	*Calculations of air requirements, analysis of coal, simple numerical problems on combustion calculation, on dry air basis, on moisture received basis, on ash free basis*	130-145

As Per RGPV Syllabus

Chapter: 01

Learning Outcome: 1

Chemistry of argillaceous and calcareous materials
This Chapter will be cover:
a. Cement
b. History of calcareous cement
c. About calcareous material
d. Calcareous cement process
e. History of argillaceous cement
f. About argillaceous cement
g. Selection & proportionally chemical analysis

A. Introduction to Cement:

सीमेंट एक फाइन पॉवडर है ,यह एक चिपकाने वाला पदार्थ है जो की aggregate (रेत और गिट्टी का mixure) और steel को आपस में चिपकाने का काम करता है,जब सीमेंट को पानी के साथ मिलाते हैं तो यह कठोर होकर कई कम्पोनेन्ट को जोड़ने का काम करता है और मैकेनिकल रूप मजबूत Structure प्रदान करता है जिसे सीमेंट structure कहतें हैं।

England के Joseph Aspolin नाम के वैज्ञानिक ने 1824 में एक बहुत ही improved प्रकार के Cement जैसे Material को पेटेंट कराया और उसका नाम Portland Cement रखा।

Properties of Cement:

1. सीमेंट में Cohesive andAdhesive गुण होते हैं
   Cohesive वह properties होती है जो की एकतरह के Components या elements को जोड़ने याjoint करने में सहायक होता है, जैसे aggregate में गिट्टी और गिट्टी (दोनों   एक तरह के components हैं) को आपस में जोड़ने का काम सीमेंट करती है।और aggregate और स्टील (दोनों अलग तरह के components हैं) को आपस में जोड़ने का काम करती है।

2. सीमेंट में Adhesive गुण होते हैं
   Adhesiveवह propertiesहोती है जो की दो अलग तरह केcomponentsयाelementsको जोड़ने या joint करने में सहायक होता है, जैसे aggregate में गिट्टी और रेत(दोनों अलग तरह के components हैं) को आपस में जोड़ने का काम सीमेंट करती है।

B. Types of Cement:
1. Hydraulic Cement
2. Non-Hydraulic Cement
3. Natural Cement
4. Portland Cement
5. Blended Portland cement

1. Hydraulic Cement:

जब इसे पानी में मिलाया जाता है तो यह hydraulic lime, Slack के रूप में रहता है एवं यह जल्दी ही set होकर हार्ड हो जाता है, और इसे उपयोग करने के पहले Ground (पीसा) किया जाता है , आम तौर पर पीसी हुई सीमेंट (Ground Cement) को ही hydraulic सीमेंट कहा जाता है।

यह सीमेंट निम्नांकित अवयवों से मिलकर बनती है

    Clay -   5-30%
    Mgo -   2% (max)
    Lime (Cao)- 70-80%

जब इसे पानी में मिलाया जाता है तो यह hydraulic lime, Slack के रूप में रहता है एवं यह जल्दी ही set होकर हार्ड हो जाता है, और इसे उपयोग करने के पहले Ground (पीसा) किया जाता है , आम तौर पर पीसी हुई सीमेंट (Ground cement) को ही hydraulic सीमेंट कहा जाता है।

2. Non Hydraulic Cement :

यह सीमेंट हवा में Hard हो जाती है और इसका उपयोग पानी के साथ नहीं किया जाता है, यह CO_2 अवशोषित करती है

3. Natural Cement :

यह सीमेंट प्रकृति में प्राप्त होने वाली argillaceous मटेरियल तथा limestone को calcined करने से प्राप्त होता है, इस calcinedmaterial को cool किया जाता है, इसमें Gypsum की उपस्थिति नहीं रहती है।

4. Ordinary Portland Cement (O.P.C.):

- इस सीमेंट का निर्माण लाइम और क्ले मटेरियल के mixture को बहुत हाई टेम्प्रेचर (1450 – 1500 डिग्री सेल्सियस) तापमान पर गर्म करते है।
- इसके बाद मटेरिल को ठंडा किया जाता है , और इस पदार्थ को क्लिंकर कहतें है।
- इस क्लिंकर में जिप्सम (0-5%) को मिलाकर पीसने पर जो फाइन पदार्थ या पॉवडर मिलता है उसे ही पोर्टलैंड सीमेंट कहतें हैं।

5. Blended Portland Cement:

जब पोर्टलैंड सीमेंट में कुछ इनऑर्गेनिक कम्प्लेक्सेस को पोर्टलैंड क्लिंकर के साथ मिलाकर पीसने (इस पीसाई को ही ब्लेंडिंग कहतें हैं) के बाद जो पॉवडर प्राप्त होता है उसे ही ब्लेंडेड पोर्टलैंड सीमेंट कहतें हैं।

Composition of Portland Cement (पोर्टलैंड सीमेंट के अवयव):

CaO	60-65%
SiO_2	19-25%
Al_2O_3	2-8%
Fe_2O_3	0.3-0.6%
MgO	1-8%
SO_3	1-3%
Alcalic	0.5-1.5%

Types of Portland Cement (पोर्टलैंड सीमेंट के प्रकार)

1. Ordinary Portland Cement (OPC)
2. Oil well Cement
3. White Cement
4. Modulate heat Portland Cement
5. Low heat Portland cement
6. Rapid hardening Portland Cement
7. Sulphate resisting Portland Cement

1. Ordinary Portland Cement:

इस सीमेंट का निर्माण लाइम औरClay Materialके mixture को बहुत अधिक तापमान (1450-1500°C) तापमान पर गर्म करते है।इसके बाद मटेरिल को ठंडा किया जाता है , और इस पदार्थ को क्लिंकर कहतें है। इस क्लिंकर में जिप्सम (0-5%) को मिलाकर पीसने पर जो फाइन पदार्थ या पॉवडर मिलता है उसे ही सामान्य पोर्टलैंड सीमेंट कहतें हैं।

2. Oil well Cement:

Oil well Cement OPC /PPC सीमेंट से काफी अलग होती है, OPC /PPC सीमेंट निर्माण उद्योग में construction & Concreating work में उपयोग किया जाता है।

इसका निर्माण पोर्टलैंड सीमेंट या मिश्रित सीमेंट, एवं additive को मिलाकर किया जाता है । इसका प्रदर्शन गहराई, तापमान और दबाव के चरम स्थिति पर भी सीमेंटिंग अनुप्रयोगों में लगातार स्थिर रहता है

पेट्रोलियम और प्राकृतिक गैस के जमीन के अन्दर से दोहन (निकालने) के लिए गहराई में ड्रिलिंग करके आमतौर पर स्टील केसिंग डालते हैं और सीमेंट के घोल को केसिंग के चारों ओर पंप के माध्यम से अंदर डालते हैं ताकि केसिंग के चारों ओर सीमेंट Set हो जाए और यह सीमेंट की परत न केवल तेल, गैस और पानी की परतों को रोकती है, बल्कि तेल या गैस की परत से सतह तक एक अलग चौनल भी बनाती है।

- ऑयल वेल सीमेंट्स का उपयोग तेल की खोज के लिए ड्रिलिंग बोर (छेद) करते समय विशिष्ट परिस्थितियों में स्लेरीज के रूप निम्नांकित गुणो के कारण किया जाता है

- OilWellCement की Slurry का उपयोग Casing को आसपास के पानी से सुरक्षा प्रदान करने, पानी के leakage को रोकनें और मजबूती प्रदान करने के लिए होता है।

- इसे निम्न चित्र (figure) से समझा जा सकता है

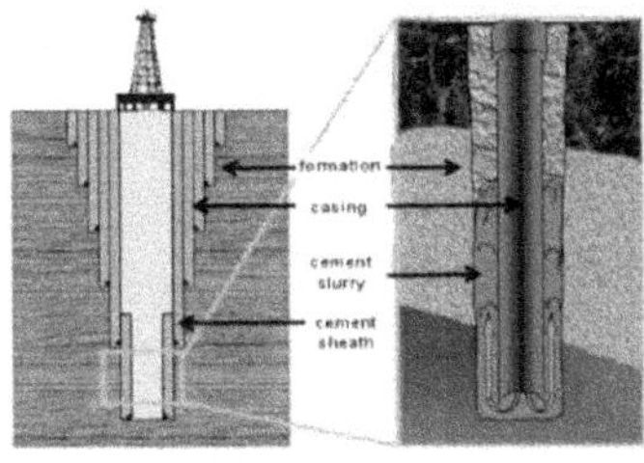

- Slurry इस तरह होनी चाहिए की वह कुछ घंटो तक प्रवाहित हो सके और फिर तेजी से set हो जानी चाहिए। slurry में उपयोग होने वाले सीमेंट को को सतह से हजारों मीटर नीचे (>2400 mts), उच्च तापमान (100-300 °C), उच्च दबाव (> 20000 psi) आदि को सहने या झेलने के लिए design होना चाहिए, और यह सब देखते हुए ही oilwellcement को बनाया गया है।

3. <u>White Cement</u>:

Portland greyishcolour का होता है, यह इसलिए क्यों की इसमें ironoxide उपस्थित रहता है , यदि किसी भी सीमेंट clinker में iron oxide की मात्रा 4% से कम होती है तो वह white color का सीमेंट हो जाता है जिस कारण से इसे white सीमेंट कहतें हैं

Iron oxide जो सीमेंट में उपस्थित रहता है वह सीमेंट क्लिंकर के burning environment कोअच्छाकरता है ,यदि आयरन ऑक्साइड की मात्रा कम हो जाती है तो क्लिंकर में समस्या होती है

यदि थोड़ी मात्रा में आयरन ऑक्साइड , वाइट सीमेंट में मिला दिया जाता है तो वह डर्टी शेड प्रदान करता है , उसे हटाने के लिए सीमेंट में suitable या कॅल्क्युलेटेड टाइमिंग में अप्लाई किया जाता है , इस सीमेंट में OPC की भांति सभी भौतिक गुण पाए जातें हैं यह बहुत ही कीमती होतीहै, इसका उपयोग सजावट के उद्देश्य से किया जाता है

White Cement केनिर्माणमें kiln का temperature 1700-1750 डिग्री सेल्सियस तक होना चाहिए

4. <u>Modulate heat Portland cement & Low heat Portland cement</u>:

इस सीमेंट को भी सामान्यत: PPC सीमेंट की तरह ही बनाया जाता है पर इसमें ज्यादा तापमान की जरूरत नहीं होती है

5. <u>Rapid Harding Portland Cement</u>:

जैसा की नाम से ही स्पष्ट है की यह सीमेंट बहुत ही जल्दी अपने पूरे स्ट्रेंथ में आ जाती है, सामान्य तौर पर पोर्टलैंड सीमेंट 28 दिन की सिंचाई (Curing) के बाद अपनी पूरी स्ट्रेंथ देती है, जब कि यह सीमेंट 25 घंटे में ही अपनी पूरी स्ट्रेंथ प्रोवाइड कर देता है.

6. <u>Salphate resistance Cement</u>:

सल्फेट प्रतिरोधी सीमेंट का प्रयोग ऐसी संरचनाओं में किया जाता है जहा का कंस्ट्रक्शन निरंतर रूप से क्षारीय संपर्क में रहता है, जैसे नहर की ऊपरी परत या लेयर, पुलिया, कारखानों के अपशिष्ट जल बहने के लिए नालियों के निर्माण हेतु आदि इसका उपयोग किया जाता है

Types of blended Portland Cement:

1. Portland blast furnace Slag cement:

ब्लास्ट फर्नेस स्लैग furnanceslag (एल्युमीनियम सिलिकेट एवं कैल्शियम सिलिकेट का मिश्रण) को महीन करके पहले पीसा जाता है और इसे ठन्डे पानी में डाला जाता है, और फिर इसे सुखाकर, हाइड्रेटेड लाइम (पोर्टलैंड सीमेंट बनाने में उपयोग होने वाले क्लिंकर) के साथ मिक्स करके पीसा जाता है, यह सीमेंट बहुत ही हार्ड होता है इसलिए accilator के रूप में Clay, salt (NaOH), कास्टिक सोडा आदि मिलकर bleding है , इस ब्लेंडेड

सीमेंट को ही PBFSC कहतें हैं , इसमें स्लैग कंटेंट्स 20-65 % तक होता है, 5-6 % जिप्सम और बांकी क्लिंकर होता है

Properties:
Portland Cement की तुलना में देर से set होती है

इसकी मजबूती (strength) कम होती है

Uses:
इसका उपयोग बड़े कंस्ट्रक्शन करने के लिए किया जाता है जहा पर Strength की उपयोगिता कम होती है

2. Portland Pozzolona Cement:

- पोज्जोलोना को लाइम के साथ (बिना हीट के) पीसने (Blending) से जो सीमेंट बनती है उसे हाइड्रोलिक सर्मेंटिक मटेरियल HydraulicCementicmaterial प्राप्त होती है.

- इस सीमेंट को मुख्यतया एल्युमीनियम सिलिकेट , कैल्शियम सिलिकेट एवं आयरन सिलिकेट को आपस में मिलाकर पीसने पर बनाया जाता है

- पोज्जोलोना मुख्यतया ज्वालामुखी के राख के रूप में पाया जाता है, और यह लावा के जल्दी ठंडा होने पर प्राप्त होता है, लावा में कैल्शियम, आयरन,एल्युमीनियम आदि पाया जाता है , इसमें पोज्जोलोना की मात्रा 25%, जिप्सम 5-6 %, बांकी क्लिंकर होता है , इस सीमेंट में OrdinaryPozzolonaCement के सभी गुण पाए जाते हैं, लेकिन इसमें कभी कभी shrinkage (भंगुरता) की समस्या आती है

PPC सीमेंट में निम्नांकित अवयव होते हैं
- C_3S Tri Calcium Silicate ($3CaO.SiO_2$)   – 20-60%
- C_2S Die Calcium Silicate ($2CaO.SiO_2$)   – 30-60%
- C_3A Tri Calcium Aluminate ($3CaO.Al_2O_3$)   – 0-16%
- C_4AF Tetra Calcium aluminate ferrite ($4CaO.Al_2O_3Fe_2O_3$) – 1-16%

Types of Portland Pozzolona Cement
- Fly ash pozzolona cement
- Burned Clay pozzolona cement
- Natural pozzolona
- Clay Pozzoloana

Soundness in Cement:
यदि किसी सीमेंट की हाइड्रेशन के बाद वॉल्यूम में बढ़ोत्तरी होती है तो उसे soundnesscement कहतें है

- soundnesscement का डायरेक्ट magnesia से सम्बन्ध होता है magnisia की ज्यादा मात्रा unsoundness सीमेंट की उत्पत्ति करता है

- यदि lime (CaO)की अत्यधिक मात्रा सीमेंट में उपलब्ध है तो वह सीमेंट Unsoundness होगी और कुछ समय बाद concrete बनकर टूटने लगता है

- यदि CaO की कुछ निश्चित मात्रा सीमेंट में उपलब्ध है तो cementconcrete की स्ट्रेंथ कम होगी और वह जल्दी सेट हो जाती है , सीमेंट में alumina की ज्यादा उपस्थिति भी जल्दी सेटिंग तथा एक सामान जमने (सेट होने) के लिए उपयुक्त होती है
- यदि सीमेंट में सिलिका की मात्रा ज्यादा होती है तो वह बहुत धीरे से कठोर होता है और एक निश्चित समय के लिए वह फुल स्ट्रेंथ में नहीं होती है

Chemistry of Raw material used in Cement Plants
<u>Calcareous Materials:</u>

ये Material वे पदार्थ होते हैं जिसमें कैल्शियम कार्बोनेट की मात्रा अधिक होती है , इस मटेरियल में मुख्य अवयव CACO3 होता है उदाहरण के रूप में limestone एक CalcareousMaterial है , निम्नांकित तरह की quality के लाइमस्टोन पाए जातें हैं.

Calcium और Magnesium के अवयवों को calcareous मटेरियल कहते है, लाइमस्टोन एक सामान्य तौर पर पाया जाने वाला calcareousmaterial है, वह material जिसमें लाइमस्टोन की मात्रा अधिक होती है उसे calcariousmaterial कहतें हैं

ये Material वे पदार्थ होते हैं जिसमें कैल्शियम कार्बोनेट की मात्रा अधिक होती है , इस मटेरियल में मुख्य अवयव CACO3 होता है उदाहरण के रूप में limestone एक CalcareousMaterial है , निम्नांकित तरह की quality के लाइमस्टोन पाएं जातें हैं.

Calcium और Magnesium के अवयवों को calcareous मटेरियल कहतें है, लाइमस्टोन एक सामान्य तौर पर पाया जाने वाला calcareousmaterial है, वह material जिसमें लाइमस्टोन की मात्रा अधिक होती है उसे calcariousmaterial कहतें हैं

<u>Calcarious Material</u>

			Limestone	Sea Savel	Sea Shale	Marl
1	Lime	(L)	33-44%	38-44%	42-45 %	32-38%
2	SiO_2	(S)	1-15 %	1-10 %	0.5-2%	10-12 %
3	Al_2O_3	(A)	1-6%	1-9%	0.5-1%	2-6%
4	FE_2O_3	(F)	0.2-5%	0.5-2%	0.1-0.5%	1-5%
5	CaO	(C)	40-45%	45-55%	53-55%	35-40%
6	MgO	(M)		0.2-2%		1-4%

A. <u>Limestone</u> (चूना पत्थर):

यह एक अवसादी चट्टान है जो, मुख्य रूप से कैल्शियम कार्बोनेट के विभिन्न क्रिस्टलीय रूपों जैसे कि खनिज केल्साइट औरएरेगोनाइट से मिलकर बनी होती है। चूना पत्थर वस्तुत: कैल्शियम कार्बोनेट है, पर इसमें सिलिका, ऐल्यूमिना और लोहे इत्यादि प्रकार के अवयव मिश्रित रहते हैं।

Limestone के मुख्य अवयव:

1	SiO_2	6-15%	(S)
2	Al_2O_3	2-4%	(A)
3	FE_2O_3	0.6-2%	(F)
4	CaO	38-46%	(C)
5	MgO	1-3%	(M)

Limestone के अन्य अवयव :–
a. Phosphores
b. Fluride
c. Cloride
d. Alkaline

1. **High grade Limestone (More than 46% CaO)** :
   जिस लाइमस्टोन में   कैल्शियम ऑक्साइड (CaO) की मात्रा46 % से अधिक होती है, उसे high grade limestone कहते हैं.
2. **Feed table grade Limestone (42-43% CaO)**:
   जिस लाइमस्टोन में   कैल्शियम ऑक्साइड (CaO) की मात्रा42-43 % के बीच में होती है, उसे Feed table grade limestone कहते हैं.
3. **Low grade Limestone (Less than 38% CaO)**:
   जिस लाइमस्टोन में   कैल्शियम ऑक्साइड (CaO) की मात्रा38 % से कम होती है, उसे Low grade limestone कहते हैं.

B. <u>Chalk(चूना पत्थर)</u> :
चाक एक नरम, सफेद, चूर्ण चूना पत्थर है जिसमें मुख्य रूप से फोरामिनिफर्स के जीवाश्म के गोले (fossilshellsofforaminifers) होते हैं, रंग ग्रे, सफेद, पीला हो सकता है। यह स्पर्श करने में चिकना होता है, यह सबसे पुरानी, महीन दाने वाली चट्टान है, चूने की मिट्टी से चाक बनती है, जो समुद्र तल पर जमा होती है और बाद में भूवैज्ञानिक प्रक्रियाओं (geologicalprocesses) द्वारा चट्टान में बदल जाता है।

कुछ चाक के जमाओं (deposits) में कैल्शियम कार्बोनेट की 98-99% और SiO_2, Al_2O_3 और $MgCO_3$ काफी कम मात्रा में पाया जाता है।
सीमेंट के कच्चे माल में चूने के घटक को आम तौर पर 76-80 % की मात्रा तक उपयोग किया जाता है।

जब सीमेंट निर्माण की विधि के साथ–साथ उत्पादन की मशीनरी के प्रकार का चयन करने की बात आती है तब इस घटक के रासायनिक और भौतिक गुण निर्णायक प्रभाव (decisiveinfluence) के होते हैं।
यौगिक सामग्री (CompoundContent):   *Ca, NaCl,CaO*

C. <u>Marl(खड़िया)</u>:
Limestone (चूना पत्थर) जिसमें सिलिका, मिट्टी का पदार्थ और आयरन ऑक्साइड का मिश्रण होता है, उसे मार्ल्स कहा जाता है,भूगर्भीय रूप से, मार्ल्स तलछटी चट्टानें हैं जो कैल्शियम कार्बोनेट और मिट्टी के पदार्थ के एक साथ अवसादन (simultaneoussedimentation) द्वारा उत्पन्न होती हैं, चूना पत्थर (limestone) की तुलना में मार्ल्स की कठोरता (hardness) कम होती है, क्यों की इसमें मिटटी के अवयव ज्यादा मात्रा में उपलब्ध होते हैं ।
$CaCO_3$को ही Marl (खड़िया) कहतें है, व्यापक मात्रा में उपलब्ध होने के कारण इन्हे सीमेंट उत्पादन में उपयोग किया जाता है।

मार्ल मिट्टी और चूने से बनी एक गैर–समेकित तलछटी चट्टान (unconsolidatedsedimentaryrock) है, इसका रंग बेज (Beige), भूरा, हरा, ग्रे, सफेद हो सकता है , यह आमतौर पर स्पर्श करने पर खुरदरा होता है, यह सबसे पुरानी और महीन

दाने वाली चट्टानों में से एक है,जब बहुत महीन दाने वाले मिट्टी के कण पानी में जमा हो जाते हैं जो जल निकायों (waterbodies) के तल पर बैठ जाते हैं और पहिए इसके ऊपर और कणों के इकठ्ठा होने और पानी अलग होने के बाद मार्ल का निर्माण होता है।

Mineral Content:
Calcite, Clay, Dolomite, Gypsum, Micas, Pyrite, Quartz

Compound Content:
Aluminium Oxide, NaCl, CaO, Iron(III) Oxide, Silicon Dioxide

Argillaceous Materials:

ArgillaceousMaterial में मुख्यतया सिलिका, एलुमिना और आयरन ऑक्साइड आदि पाए जातें हैं, इस मटेरियल में लाइमस्टोन की मात्रा कम रहती है, इस मटेरियल में CaO की मात्रा 1-4% तक ही रहती है (Calcareousmaterial) की तुलना में alcarieousmaterial बहुत कम मात्रा में मिलाया जाता है

Example:
1.   Clay
2.   Laterite (Iron Ore)
3.   Bauxite

Argillaceous Material

	Chemical formulae	Short Name	Clay	Shale	Laterite	Bauxite	Iron Ore	Sand stone	Coal Ash
1	SiO_2	(S)	40-70%	40-80%	10-30%	5-15%	5-10%	85-95%	50-70%
2	Al_2O_3	(A)	15-30%	15-30%	20-40%	40-54%	2-5%	2-5%	15-30%
3	Fe_2O_3	(F)	3-10%	3-10%	20-40%	2-10%	85-95%	1-3%	5-10%
4	CaO	(C)	1-10%	1-10%	2-4%	2-4%	-	1-3%	2-5%
5	MgO	(M)	1-4%	1-5%	1-2%	1-2%	-	1-3%	1-3%
6	Lime	(L)	5-15%	2-5%	15-25%	20-30%	-	2-5%	1-3%

1. Clay:

क्ले क्षारीय मिट्टी , एल्युमिनियम सिलिकेट युक्त क्षार और उनके रासायनिक रूपांतरण द्वारा बनें उत्पादों (मुख्य रूप से फेल्डस्पार और अभ्रक) के अपक्षय से बनता है।

यह सीमेंट में सिलिका, ऐलुमिना, आयरन ऑक्साइड , कैल्सियम ऑक्साइड (जो भी कम हो) आदि के रासायनिक मिश्रण के प्रतिशत को बनाए रखने के लिए किया जाता है।

Clay का रासायनिक संगठन निम्न प्रकार हो सकता है

- SiO_2 $\geq 60\%$
- Al_2O_3 $\geq 15\%$
- Fe_2O_3 $\geq 03\%$
- $CaO\text{-}CaCO_3$ $\geq 03\%$
- Alkalies/$K_2O + NH_2O$ $\geq 04\%$
- $MgO + MgCO_3$ $\geq 03\%$
- Other $\geq 08\%$

<u>Use of Clay:</u>

एक अच्छी मिट्टी के भौतिक गुण निम्न तरह से होते हैं।
- Clay के गोले बनाकर भट्टी में जलाया जाता है, जिसे ठंडा करके पाउडर के रूप पीस लिया जाता है, जिससे सूखी (shurichi) तैयार हो जाती है, तो सीमेंट को पानी के साथ मिलाकर उवतजंत बनाने मे किया जाता है ।
- Clay का उपयोग concrete बनानें में किया जाता है, Clay,sand, cement or CaO तथा उचित अनुपात में पानी मिलाया जाता है तो इस मिश्रण को concrete कहते हैं।
- Clay ($Al_2O_3\ 2\ SiO_2 2H_2O$) का उपयोग CaO बनानें मे किया जाता है ।
- Clay का उपयोग ईंटों के बनाने के काम आता है।
- पानी की मात्रा – 25% से 38% तक होना चाहिए।

<u>Clay Components:</u>

क्ले का मुख्य घटक हाइड्रस एल्युमिनियम सिलिकेट से बनता है।
मिट्टी को निम्नलिखित खनिज समूहों में विभाजित किया गया है।

Kaolin group	known Name
	Kaolinite
$Al_2O_3.2SiO_2.2H_2O$	Dickite
	Nacrite
	Halloysite
Montmorillonite group	
$Al_2O_3.2SiO_2.2H_2O + nH_2O$	Montmorillonite
$Al_2O_3.3SiO_2.nH_2O$	Beldellite
$(Al.Fe)_2O_3.3SiO_2.nH_2O$	Nontronite
$2MgO.3SiO_2\text{-}nH_2O$	Saponite

- kaolin ग्रुप के खनिज, SiO_2 घटक की मात्रा, क्रिस्टलोग्राफिक संरचना और ऑप्टिकल गुणों में भिन्न होते हैं।
- kaolinite शुद्ध kaolin खनिज को दिखता है और मिट्टी महीन दाने वाली एवं मिट्टी के कण आमतौर पर व्यास में 2 माइक्रोन से कम होते हैं।

Specific surfaces of clay minerals are (in square meters per gram)	
Kaolin	Approx. 15 m^2/g
Halloysite	Approx. 43 m^2/g
Illite	Approx. 100 m^2/g
Montmorillonite	Approx. 800 m^2/g
Specific gravities are as follow (in grams per cm^3)	
Kaolin	2.6-2.68 cm^3/g
Halloysite	2.0-2.2 cm^3/g
Illite	2.76-3.00 cm^3/g

- क्ले का संलयन बिंदु (fusion point) $1150^{O}C$ से $1785^{O}C$ के बीच में होता है।
- मिट्टी की रासायनिक संरचना शुद्ध मिट्टी के करीब से भिन्न हो सकती है, जिसमें आयरन हाइड्रॉक्साइड, आयरन सल्फाइड, रेत, कैल्शियम कार्बोनेट आदि जैसे रासायनिक मिश्रण की काफी मात्रा होती है।
- आयरन हाइड्रॉक्साइड मिट्टी में रंग एजेंट की तरह होता है, कुछ कार्बनिक पदार्थ भी मिट्टी को अलग—अलग रंग दे सकते हैं। बिना अशुद्धियों वाली मिट्टी सफेद होती है।

2. Iron ore (Laterite):

यह हेमेटाइट के रूप में पाया जाता है, तथा यह IronOre एक flux के रूप में काम करता है, तथा सिलिका को बहुत कम तापक्रम पर ढलने के लिए यह बाध्य करता है।
यह Argilliaceousrock अवसादी किस्म की शैल है, यह sandyclaystone है, जिसमे लोहे के oxide की मात्रा अधिक होती हैं।
सीमेंट में Fe_2O_3 की कमी होने पर laterite मिलाया जाता है।
यह गहरे भूरे रंग का अथवा लाल रंग का होता है, इसकी बनावट calcareous होती है।
जब यह खदान से निकाला जाता है तो बहुत गरम होता है, और इसे आयताकार ब्लॉक के रूप में बड़ी आसानी से निकाला जा सकता है।
इसका आपेक्षिक घनत्व 2-4 होता है, और संपीढ़न क्षमता 18 से $32kg/cm_2$ होती है।
Laterite नामक पत्थर के विघटन से जो पत्थर बनता है उसे moosem कहलाता है।

Use:

यह सीमेंट में Fe_2O_3 की कमी होने पर laterite मिलाया जाता है।
इस पत्थर को मोटी पत्थर की चिकनाई के काम मे लिया जाता है।
Modelerlaterite भी Latin का किस्म है, जिसे तोड़कर सड़क की रोड़ी के रूप में लिया जाता है।
Moosem प्राप्ति स्थान: यह बिहार , महाराष्ट्र, मैसूर, बंगाल,और केरल में मिलता हैं।

3. <u>Bauxite:</u>

बॉक्साइट एक तलछटी चट्टान (Sedimentaryrock) है, जिसमें एल्यूमीनियम की मात्रा अधिक होती है। एल्युमिनियम और गैलियम बनाने के लिए विश्व में प्रमुख स्रोत है।

बॉक्साइट अधिकतर एल्यूमीनियम के खनिज जैसे गिबसाइट ($Al(OH)_3$), बोहेमाइट (γ-$AlO(OH)$), डायस्पोर ($\alpha\&AlO(OH)$) एवं दो आयरन के ऑक्साइड जैसे गोएथाइट ($FeO(OH)$) और हेमेटाइट (Fe_2O_3) के साथ मिश्रित होते हैं।

बॉक्साइट की चमक थोड़ा कम और यह लाल–भूरा,सफेद या भूरे रंग का होता है।

Oxide	Formula	Chemical composition (%wt)	Mineralogy
Alumina	Al_2O_3	35 to 65	Gibbsite, boehmite and diaspore
Silica	SiO_3	0.5 to10	Quartz, chalcedony, kaolinite
Ferric oxide	Fe_2O_3	2 to30	Geothite, hematite and siderite
Titania	TiO_2	0.5 to 8	Rutile and anatase
Calcia	CaO	0 to 5.5	Calcite, magnesite and dolomite

- बॉक्साइट का उपयोग विभिन्न उद्योगों जैसे कि refractory, abrasive, cement, steel, andpetrolindustry में किया जाता है
- बॉक्साइट हवाई जहाज बनाने के उद्योग, बिजली उद्योग, मशीनरी और नागरिक उपकरण बनाने के उद्योग में मुख्य घटक है।
- इसका उपयोग desiccatingagent, adsorbent, उत्प्रेरक और दंत सीमेंट (dentalcement) के निर्माण में भी किया जाता है।
- Calcinedbauxite का उपयोग anti–skidroad को बनाने के लिए किया जाता है जो की कुछ विशेष जगह पर   दुर्घटनाओं को रोकने के लिए बनाई जाती हैं।
- Al_2O_3:बॉक्साइड का एक घटक एलुमिना भी है, जब इसमें पानी मिलाया जाता है, तो यह प्लास्टिक हो जाता है।

4. <u>Gypsum</u>

जिप्सम (कैल्शियम सल्फेट, $CaSO_4 \cdot 2H_2O$) एक प्राकृतिक रूप से पाया जाने वाला खनिज है जिसका उपयोग विभिन्न प्रकार के औद्योगिक अनुप्रयोगों में किया जाता है।

इसे जब 120 डिग्री सेल्सियस से ऊपर गर्म करते हैं तो पानी का एक हिस्सा निकल जाता है और विभिन्न खनिज कैल्शियम सल्फेट जैसे हेमीहाइड्रेट ($CaSO_4 \cdot 0\text{-}5H_2O$;130-160 डिग्री सेल्सियस पर) और एनहाइड्राइट ($CaSO_4$; 290-900 डिग्री सेल्सियस पर) बनते हैं। पानी के साथ इस आंशिक या पूरी तरह से निर्जलित जिप्सम (dehydratedgypsum) से एक

सेटिंग और क्रिस्टलीकरण की प्रतिक्रिया होती है जो एक setting या bonding (चिपकाने वाला कारक) के रूप में काम करती है।

जिप्सम एक खनिज है जो की रासायनिक रूप में हाइड्रेटेड कैल्शियम सल्फेट है। जिप्सम सीमेंट के सख्त होने की दर को नियंत्रित करने में बहुत महत्वपूर्ण भूमिका निभाता है, इसलिए इसे आमतौर पर सीमेंट का retardingagent कहा जाता है। यह मुख्य रूप से सीमेंट के सेटिंग समय(setting time) को Control करने के लिए उपयोग किया जाने वाला अनिवार्य घटक है।

5. <u>Fly Ash:</u>

फ्लाई ऐश एक महीन ग्रे पाउडर होता है जिसमें अधिकतर गोलाकार, कांच के कण होते हैं जो कोयले से चलने वाले बिजली स्टेशनों (Powerstation) में उपोत्पाद (Byproduct) के रूप में उत्पन्न होते हैं। फ्लाई ऐश में पॉजोलानिक गुण होते हैं, जिसका अर्थ है कि यह चूने (Lime) के साथ प्रतिक्रिया करके सीमेंटयुक्त यौगिक बनाता है। इसे एक पूरक सीमेंटिटियस सामग्री (supplementary cementitious material) के रूप में भी जाना जाता है। फ्लाई ऐश को फ्लू–ऐश या साधारण राख के रूप में भी जाना जाता है।

फ्लाई ऐश दहन (Combustion) में उत्पन्न होने वाला एक अवशेष है और यह Fluegasesके बढ़ने के साथ बढ़ते हैं। औद्योगिक संदर्भ में, फ्लाई ऐश आमतौर पर कोयले के दहन के दौरान उत्पन्न राख को संदर्भित करता है। फ्लाई ऐश में मौजूद मुख्य रासायनिक घटक हैं।

- सिलिकॉन डाइऑक्साइड
- एल्यूमीनियम ऑक्साइड
- फेरिक ऑक्साइड
- कैल्शियम ऑक्साइड (कभी–कभी)

6. <u>Slag</u>

स्लैग अयस्कों और उपयोग किये हुए धातुओं के गलाने की प्रक्रिया के दौरान का एक उप–उत्पाद (Byproduct) है,

मोटे तौर पर, इसे लौह (लौह और इस्पात के प्रसंस्करण के उप–उत्पाद,(by products of Processing iron and Steel), लौह मिश्र धातु (लौह मिश्र धातु उत्पादन के उप–उत्पाद (by-product of ferroalloy production) या अलौह/आधार धातुओं (तांबा, निकल जैसे अलौह सामग्रीके उप–उत्पाद, by-products of recovering non-ferrous materials likecopper, nickel, zinc and phosphorus) के उप–उत्पाद (by-product) रूप में वर्गीकृत किया जा सकता है।

स्लैग आमतौर पर धातुओं के ऑक्साइड और सिलिकॉन डाइऑक्साइड का मिश्रण होता है। हालांकि, स्लैग में धातु सल्फाइड और मौलिक धातुएं भी हो सकती हैं। स्लैग के प्रमुख घटकों में कैल्शियम, मैग्नीशियम, सिलिकॉन, आयरन और एल्युमिनियम के ऑक्साइड तथा कुछ मात्रा में मैंगनीज, फॉस्फोरस भी उपस्थित रहते हैं, जो की उपयोग किए गए कच्चे माल पर निर्भर करते हैं।

इसके अलावा, लोहे की प्रचुरता के आधार पर स्लैग को निम्नांकित भागों में वर्गीकृत किया गया है, जो विभिन्न प्रकार से गलाने की प्रक्रियाओं पर निर्भर करता हैं।

1. लौह स्लैग
2. लौह मिश्र धातु स्लैग
3. अलौह स्लैग

Applications

1. स्लैग का उपयोग HighPerformanceConcreteको बनाने में किया जाता है,जहां इसकी कम पारगम्यता और क्लोराइड व सल्फेट के प्रति अधिक प्रतिरोधक क्षमता structure को अधिक जीवन प्रदान करने में मदद करती है।
2. स्लैग का उपयोग फाइबर बनाने के लिए भी किया जा सकता है जिसका उपयोग Insulationmaterial(slagwool) बनाने के लिए किया जाता है।
3. स्लैग का उपयोग गलाने के तापमान (Tempretureofsmelting) को नियंत्रित करने में किया जाता है।
4. इसका उपयोग अंतिम तरल धातु (भट्टी से हटाने के पहले) के पुनः ऑक्सीकरण को कम करने के लिए किया जाता लें

Corrective ingredients (Additives material):

1. यदि सीमेंट के Rawmaterial में कुछ रासायनिक घटक जरूरी मात्रा में मौजूद न हों, तो इस आवश्यकता तो पूर्ण करने के लिए कुछ सुधारात्मक अवयवों को additives के रूप में उपयोग किया जाता है।
2. जैसे की सिलिका सामग्री को पूरा करने के लिए, रेत, उच्च सिलिका मिट्टी, Diatomite, आदि का उपयोग additives या सुधारात्मक सामग्री के रूप में किया जाता है।
3. आयरन ऑक्साइड की कमी को पूरा करने के लिए Pyrites cinders, Iron ores आदि जैसे सुधारात्मक पदार्थों का उपयोग किया जाता है।

Some Chemical composition of corrective Ingredients (Additives) in Cement Manufacturing							
Component	Diatomite	Bauxite	Pyrites cinders	Iron ore	Blast furnace flue dust	Flue dust	Sand
LOI	6.2	15-20	-	5-12	5-15	0.2-4.0	0.2
SiO_2	77	16-22	6.6-25.0	20-25	11-22	26-36	99.2
Al_2O_3	9.6	44-58	2-16	3-9	5-14	6.5-9.5	-
Fe_2O_3	9.6	10-16	62-87	45-60	54-69	5-8	0.5
CaO	0.3	2-4	0.7-0.9	0.5-2.5	1-9	42-50	-
Mgo	0.9	2-1.0	0.2-2	1.5-7	0.5-2.5	3-4	-
SO_3	-	-	0.8-8	0.3-0.6	0.2-2.5	2.5-3	-
Na_2O	1.5	-	-	-	-	0.8-3.5	-
K_2O	1.5	-	-	-	-	-	-

Learning Outcome 2:

Selection and chemical analysis of major and minor Raw Materials such as CaO, alumina, iron oxide, silica, alkalies, sulphur, magnesium oxide, effect of adding gypsum, auxiliary components of cement raw materials, chloride, fluoride, P_2O_5, Cement components and their effects.

Selection and chemical analysis of major and minor Raw Materials such as CaO, alumina, iron oxide, silica

---

1. <u>CaO(कैल्शियम ऑक्साइड)</u>:

   यह अवयव किसी भी सीमेंट का सबसे महत्वपूर्ण अवयव होता है, और यह $CaCO_3$ के अपघटन से बनता है, यह सफेद रंग का होता है और इसका विशिष्ट गुरुत्व (Specificgravity) $2.08 - 3.3$ के बीच होती है , शुद्ध लाइम का गलनांक (Meltingpoint) 2614 डिग्री सेंटीग्रेट होता है।

   $$CaO + CO_2 \xrightarrow{\text{Atmospheric}} CaCO_3$$

   $$CaO + H_2O \xrightarrow{\text{Moisture}} Ca(OH)_2$$

2. <u>Aluminates:</u>

   संयुक्त रूप में एल्यूमिना सीमेंट का एक महत्वपूर्ण घटक है,जब इसमें पानी मिलाया जाता है, तो यह प्लास्टिक हो जाता है, एल्यूमिना सीमेंट को त्वरित सेटिंग प्रदान करता है।

3. <u>Iron Oxide (Fe_2O_3):</u>

   यह सीमेंट में 4% तक पाया जाता है , ताकत (Strength) और कठोरता (hardness) प्रदान करने के अलावा यह सीमेंट में भूरा रंग प्रदान करता है।

4. <u>Silica (SiO_2):</u>

   यह सीमेंट में संयोजन (Combination) की स्थिति में मौजूद रहता है ,यह मिटटी (Clay), Shale आदि में पाया जाता है, यह pozzolona का मुख्य अवयव होता है इसका विशिष्ट गुरुत्व (Specificgravity) 2.601 होती है ,साधारण तापमान पर यह रासायनिक रूप से शुद्ध पदार्थ होता है, जब इसे गर्म किया जाता है तो यह क्षार के साथ तीव्र प्रतिक्रिया करता है।

5. <u>Alkalies</u>

   पोटेशियम ऑक्साइड (K_2O) और सोडियम ऑक्साइड (Na_2O) की मात्रा ही सीमेंट में उपस्थित क्षार (Alkalies) की मात्रा को निर्धारित करती हैं।

   K_2O और Na_2O रॉ मटेरियल, जैसे मिट्टी और मार्ल आदि से उत्पन्न होते हैं, जहाँ ये यौगिक महीन छितरे हुए (Dispersed) फेल्डस्पार, माइका और अणु (illite) कणों में, कम मात्रा ईंधन के रूप में कोयले के उपयोग से कोयले की राख आदि में मौजूद होते हैं।

   अधिक मात्रा में क्षार के उपस्थित होने से सीमेंट के सेटिंग समय को विनियमित (Regulate/Control) करने में कुछ कठिनाई हो सकती है।

कम क्षार युक्त सीमेंट को जब कंक्रीट में कैल्शियम क्लोराइड के साथ प्रयोग किया जाता है, तो रंग में परिवर्तन (Discoloration) हो सकता है।

Slag-lime cement में ground granulated blast furnace slag अपने आप में हाइड्रोलिक नहीं होता है, बल्कि इसे कुछ क्षारीय अवयव को मिलकर activate किया जाता है, IS 12269 : 2013 के अनुसार क्षार को निर्धारित मात्रा (जो की अधिकतम 5% है) में ही मिलाया जाना चाहिए, इस Alkalies इसकी मात्रा $Na_2O + 0.658\ K_2O$ सूत्र से ज्ञात किया जाता है।

6. *Sulfur:*

Total सल्फेट (सल्फर) Contents Sulphueric Hydrate Calculate किया जाता है और यह 2.5 % से ज्यादा नहीं होना चाहिए , इसकी अधिक मात्रा सीमेंट में unsoundness बढाती है।

- बर्निंग जोन में रॉ मिक्स और ईंधन में उपस्थित सल्फर वाष्पीकृत होकर SO_2 में परिवर्तित हो जाता है , और यह किल्न के वातावरण में alkal और ऑक्सीजन के साथ कंबाइन होकर वाष्पीकृत alkali सल्फेट बनाता है, और यह vaporized alkali sulfate किल्न एवं preheater के ठण्डे भाग में संघनित (condensed) हो जाता है , और वापस किल्न के बर्निंग जोन में आ जाता है, alkali sulphate का कुछ भाग kiln से क्लिंकर के साथ मिलकर बाहर निकल जाता है।

- यदि SO_2 की मात्रा alkali से अभिक्रिया करने के लिए कम होती है तो Mediumvolatilealkalichloride और highvolatilealkalicarbonate (जो की क्लिंकर के साथ किसी भी phase में कंबाइन नहीं हुए हैं) वो फिर से बर्निंग जोन में वाष्पीकृत हो जातें हैं, और फिर ये preheater में जाकर संघनित होकर फिर से किल्न में वापस आ जातें हैं, इस तरह से इनका circulation होने लगता है।

- अब यदि SO_2 की मात्रा ज्यादा हो जाती है तो या preheater में पहुंचकर $CaCO_3$ के साथ अभिक्रिया करके $CaSO_4$ का निर्माण करते हैं, और बर्निंग जोन में अपघटित होकर फिर से SO_2 बनातें हैं और SO_2 का circulation होने लगता है, $CaSO_4$ का कुछ भाग जो की अपघटित नहीं हो पाता है वह क्लिंकर के साथ मिलकर बहार निकल जाता है।

- रॉ मिक्स में alkalis की उपस्थित के कारण हाई सल्फर वाले ईंधन का इस्तेमाल किया जा सकता है (यह ध्यान रखते हुए की SO_2 की मात्रा किल्न के exit gas में अपेक्षा से ज्यादा या उल्लेखनीय रूप से ज्यादा न हो), alkalisulphate जो की क्लिंकर के साथ combine हो जाता है वह सीमेंट में मजबूती (earlystrength) प्रदान करता है।

- अधिक सल्फर की मात्रा से SO_2 का उत्सर्जन बढ़ता है , और यह suspensionpreheater में choking और किल्न में coatingring बनानें लगता है।

- सीमेंट के settingtime को नियंत्रित करने के लिए कैल्शियम सल्फेट का मात्रा बहुत ही कम होना चाहिए, और सीमेंट में sulphateexpansion से बचानें के लिए permissiblelimit2-5 % से 4% तक है।

7. *Magnesium Oxide*

IS 12269 : 2013 के अनुसार मैग्नीशिया को (53 ग्रेड OPC बनाने के लिए) अधिकतम 6 % (वजन के अनुसार) मिलाया जाता है, अधिक मात्रा में मिलानें से सीमेंट unsound या expansive हो जाती है, किन्तु कम मात्रा में मिलानें से सीमेंट की मजबूती (Strength) बढ़ती है, अत्यधिक

MgO को जलाने के लिए हाई टेम्प्रेचर के आवश्यकता होती है, इसका गलनांक 2852 डिग्री सेल्सियस होता है, कुछ मात्रा में MgO को मिलाने पर यह flux की तरह काम करता है और क्लिंकर के Burning temperature को कुछ हद तक घटा देता है

MgO लाइमस्टोन में मुख्य रूप से डोलोमाइट ($CaCO_3.MgCO_3$) के रूप में पाया जाता है, MgO को ज्यादा मिलानें से इसमें FreeMgO की मात्रा बढ़ती है , periclase (जो की मैग्नीशियम का खनिज है), पानी के साथ अभिक्रिया करके मैग्नीशियम हाईड्राक्साइड बनाता है।

$$MgO + 2H_2O \rightarrow Mg(OH)_2$$

और यह अभिक्रिया बहुत ही धीरे धीरे होती है, जब सीमेंट में हाइड्रेशन की प्रक्रिया पूर्ण हो जाती है, और उसके बाद यदि मैग्नीशियम हाईड्राक्साइड बनता है , तो यह मैग्नीशियम हाईड्राक्साइड, सीमेंट पेस्ट से अलग होने की प्रवृत्ति रखता है जिसे expansioncracks (magnesiaexpansion) कहते हैं, इस कारण से सीमेंट के रॉ मिक्स में MgO को केवल जायज मात्रा (permissible limit) में ही मिलाना चाहिए ।

Effect of adding Gypsum:

Kiln में क्लिंकर बनने के बाद सीमेंट मिल में क्लिंकर के साथ जिप्सम मिलाया जाता है जो की अत्यधिक आवश्यक होता है, क्यों की जिप्सम सेटिंग टाइम को बढ़ता है , अर्थात delay करता है ।

- यदि सीमेंट में जिप्सम न हो तो पानी डालते ही रसायनिक क्रिया आरंभ हो जाएगी, तथा सीमेंट सेट होनी आरंभ हो जाएगी, जबकि जिप्सम के उपलब्ध होने पर रसायनिक क्रिया धीरे धीरे होनें के कारण काम करनें के लिए समय मिल जाता है।
- जिप्सम को क्लिंकर के साथ सीमेंट मिल में 104 डिग्री सेल्सियस पर ग्राईडिंग करते है।
- यदि सीमेंट मिल का तापमान 104 डिग्री सेल्सियस से अधिक हो जाए तो जिप्सम का Dehydration हो जाता है अर्थात जिप्सम से पानी के अणु अलग हो जाता है, इस स्थिति में सीमेंट का कोई अस्तित्व नहीं रह जाता है।
- जिप्सम का रसायनिक सूत्र $CaSO_4.2H_2O$ है।

$$CaSO_4.2H_2O \rightarrow CaO + SO_3 + 2H_2O \ (above104^{O}C)$$

- $3CaO.Al_2O_3(C_3A)$ शीघ्र जमनें वाला पदार्थ होता है, जो जिप्सम से अभिक्रिया करके कैल्सियम सल्फो अलुमिनेट बनाता है, जो त्वरित जलयोजन की प्रकृति को दर्शाता है।

Auxiliary Components of Cement Raw Materials
सीमेंट के कच्चे माल के सहायक घटको को निम्नांकित रूप से परिभाषित किया गया है।

Chloride

क्लोराइड रोटरी किल्न में क्षार (alkali) के साथ प्रतिक्रिया कर क्षार क्लोराइड (Alkalichloride) बनता है, जो की किल्न की एग्जिट गैसेस के साथ में निकल जाता है और preheater में संघनित होता है और यह रॉ मटेरियल के साथ फिर से किल्न में वापस आता है , ये alkalichoride , alkalisulphate से विपरीत, किल्न के बर्निंग जोन में लगभग पूरी तरह से वाष्पीकृत होकर फिर से preheater में पहुंच जाता है और फिर किल्न में वापस आता है इस तरह से ये circulate होता रहता है, और preheater और किल्न में coating को बढ़ता है, किल्न के smooth operation के लिए समय समय पर coating को हटाना जरूरी होता है।

इस तरह की घटना (Coating होने देना) से बचने की लिए किल्न गैसेस के कुछ भाग (10-15 % तक) को बाईपास करके बाहर निकाल दिया जाता है, ताकि ये Preheater में न पहुंचे , सीमेंट प्लांट्स के डाटा से पता चलता है की यदि cloridecontents0-015% से   अधिक होते हैं तो किल्न गैसेस के कुछ भाग (10-15 % तक) को बाईपास करके बाहर निकाल दिया जाता है।

पहले कैल्शियम क्लोराइड को सीमेंट की early strength को बढ़ाने के लिए रा मिक्स में मिलाया जाता था, लेकिन यह देखा गया की क्लोराइड की मात्रा स्टील के जंग (corrosion) को बढ़ता है, इसलिए BIS के अनुसार chloride contents को अधिकतम 0.1% ही मिला सकते हैं।

Fluoride:

सामान्यतया फ्लोराइड लाइम स्टोन में नहीं पाया जाता है, किन्तु यह कैल्सियम कार्बोनेट के बाई प्रोडक्ट के रूप में पाया जा सकता है , फ्लोराइड की बहुत कम मात्रा एक flux की तरह काम करती है और sinteringtempreture को कम कर देती है। जब रॉ मिक्स में mineraliser या फ्लक्स का उपयोग नहीं करना चाहिए, क्योंकि इसके कारण क्लिंकर में Ballingtendency (बार बार उचकना)

Phosphorus (P_2O_5)

फॉस्फोरस पेंटा ऑक्साइड लाइम स्टोन में बहुत कम या न के बराबर ही पाया जाता है, किन्तु यह उस भंडार जिसमें की patite के कुछ nodules होतें हैं, उनमें पाया जाता है। इसकी रॉ मिक्स में 0.5 % मात्रा तक उपस्थिति का कोई विशेष प्रभाव नहीं होता है, किन्तु अधिक मात्रा होने से सीमेंट की सेटिंग धीरे हो सकती है या सेटिंग टाइम बढ़ सकता है और compressive strength कम हो जाती है , इसलिए रॉ मिक्स मिक्स में फोस्फोस पेंटाऑक्साइड की उपस्थिति से बचाना चाहिए।

Cement Components and their effects:
सीमेंट के विभिन्न अवयवों की मात्राओं का प्रभाव

1. <u>CaO</u>:यदि चूना (CaO) 60-65 % से कम हो तो सीमेंट जल्दी जम जाएगा , किन्तु मजबूती कम हो जायेगी, परन्तु यदि चूने की मात्रा बहुत अधिक हो तो सीमेंट ठीक से न जमकर तड़क जाती है या सीमेंट में दरार पड़ जाती है।

2. $\underline{SiO_2}$: यदि सिलिका 22 % से अधिक है तो सीमेंट के जमने या कठोरता आने में देर लगती है

3. Fe_2O_3 न हो तो सीमेंट को बनाते समय गरम करने में कठिनाई होती है, तथा सीमेंट का कलर सफेद हो जाता है , इसकी उपस्थिति सीमेंट को हल्का भूरा रंग प्रदान करती है।

4. $\underline{Al_2O_3}$: इसकी मात्रा सीमेंट के सेटिंग में महत्वपूर्ण भूमिका निभाती है, अधिक मात्रा होने से सेटिंग अधिक तेज होती है, विभिन्न सीमेंट का मुख्य घटक Al_2O_3 है उसमें पानी मिलाया जाता है तो यह प्लास्टिक हो जाता है, इस मोल्ड की सहायता से किसी भी joint में ढाला जा सकता है, सूखने पर इसकी सुघट्यता (flexibility) समाप्त हो जाती है, और यह बहुत कठोर हो जाता है, सूखने पर सिकुड़ता है जो कि wrapping के लिए जिम्मेदार होता है।

Composition of Cement

सीमेंट के विभिन्न घटक निम्नांकित चित्र के माध्यम से दिखाएं गए हैं।

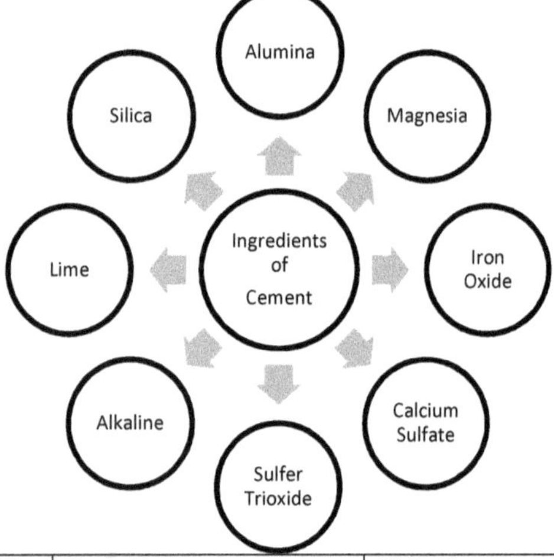

SL No	Ingredients	% in Cement
1	Lime	60-65%
2	Silica	17-25%
3	Alumina	3-8%
4	Magnesia	1-3%
5	Iron Oxide	0.5-6%
6	Calcium sulfate	0.1-0.5%
7	Sulfer Trioxide	1-3%
8	Alkaline	0-1%

Lime:

- लाइम सामान्यतया कैल्शियम ऑक्साइड या कैल्शियम हाइड्रॉक्साइड के रूप में पाया जाता है।
- कैल्शियम के सिलिकेट और एलुमिनेट्स बनाने के लिए पर्याप्त मात्रा में चूने की आवश्यकता होती है।
- चूने की कमी से सीमेंट की Strength कम हो जाती है।
- लाइम की कमी से सीमेंट जल्दी जम (Setquickly) जाता है।
- अतिरिक्त लाइम सीमेंट को नदेवनदक बना देता है।
- लाइम की अत्यधिक उपस्थिति से सीमेंट में विस्तार (Expansion) और विघटन (disintegrate) होता है।

Silica:

- सिलिका सामान्यतः सिलिकॉन डाइऑक्साइड (रासायनिक सूत्र SiO_2) के रूप में पाया जाता है।
- सीमेंट के डाइकैल्शियम और ट्राईकैल्शियम सिलिकेट में सिलिका की पर्याप्त मात्रा मौजूद होनी चाहिए।
- सिलिका सीमेंट को मजबूती प्रदान करती है।
- सीमेंट में सिलिका आमतौर पर लगभग 30 प्रतिशत की सीमा तक रहता है।

Alumina:

- एल्युमिनियम ऑक्साइड को ही एल्युमिना कहते हैं, जिसका रासायनिक सूत्र Al_2O_3 है।
- एल्यूमिना सीमेंट को त्वरित सेटिंग प्रदान करता है।
- एल्युमिना की निश्चित मात्रा की उपस्थिति से क्लिंकरिंग तापमान कम हो जाता है।
- जरूरत से अधिक एल्युमिना सीमेंट को कमजोर बनाता है।

Magnesia:

- मैग्नीशियम ऑक्साइड का रासायनिक सूत्र MgO है।
- सीमेंट में मैग्नेशिया सामान्यतः 2% से अधिक नहीं होना चाहिए।
- अतिरिक्त मैग्नीशिया सीमेंट की Strength को कम कर देता है।

Iron oxide:

- इसका रासायनिक सूत्र Fe_2O_3 है।
- आयरन ऑक्साइड सीमेंट को रंग प्रदान करने का काम होता है।
- यह एक प्रवाह(flux) के रूप में कार्य करता है।
  बहुत अधिक तापमान पर, यह कैल्शियम और एल्युमिनियम के साथ रासायनिक प्रतिक्रिया करके ट्राईकैल्शियम एल्युमिनो–फेराइट बनाता है।
- ट्राईकैल्शियम एल्युमिनो–फेराइट सीमेंट को कठोरता (hardness) और मजबूती (strength) प्रदान करता है।

Calcium Sulfate:

- रासायनिक सूत्र $CaSO_4$ है।
- यह सीमेंट में जिप्सम ($CaSO_4.2H_2O$) के रूप में मौजूद होता है।
- यह सीमेंट की सेटिंग क्रिया को धीमा कर देता है।

Sulfur Trioxide:

- इसका रासायनिक सूत्र SO_3 है
- इसकी मात्रा सीमेंट में सामान्यतः यह 2% से अधिक नहीं होना चाहिए।
- अतिरिक्त सल्फर ट्रायऑक्साइड सीमेंट को unsound कर देता है।

Alkaline:

- यह सीमेंट में सामान्यतः यह 1% तक उपस्थित होता है।
- अतिरिक्त क्षारीय पदार्थ होने से efflorescence की मात्रा बढ़ती है।

Learning Outcome 3 –

Determination of acidic and basic oxides, LOI, TC and MC of limestone (Laboratory test by observation), Determination of acidic oxides such as SO_3, SiO_2, determination of basic oxides such as Al2O3, Fe2O3, CaO, Mgo, determination of LOI (loss on ignition), determination of total carbonate and magnesium carbonate (TC and MC).

Chemicals and Reagents used

- Concentrated hydrochloric acid.
- Ammonium nitrate, Ammonium chloride, Ammonium oxalate and Ammonia solution.
- Methyl red indicator.
- Buffer solution (pH =4) and Buffer solution (pH=10).
- Salicylic acid.
- Ammonia solution.
- EDTA.

Equipments and Apparatus

- Sensitive balance.
- Furnace.
- Beakers.
- Measuring cylinder.
- Volumetric flask.
- Ash less filter papers.
- Crucible.
- Burette.
- Funnel.

Determination of acidic oxide

Determination Procedure of Silicon Dioxide (Silica) (SiO₂)

0.5 ग्राम सीमेंट के सैंपल (नमूने) को एक evaporating disc या beaker (जार) में डालकर, सामान्य roomtemperature में 10 ml आसवित पानी में मिलाया जाता है (ताकि गुत्था या lump न बने) , अब इसमें 5 से 10ml सांद्रित HCL मिलाकर हल्के तापमान तब तक गर्म करते है जब तक की पूरी तरह से मिक्स न हो जाए, इसे कांच की रॉड (जिसका निचला भाग समतल हो) से भी दबाकर मिक्स किया जा सकता है , अब इस मिश्रण को गर्म करके इसमें उपस्थित नमी को वाष्पीकृत करके अलग कर दिया जाता है, अब इसे और अधिक गर्म न करते हुए इसमें 5 –10mlHCL और इतना ही आसवित जल (1 : 1 के अनुपात में) मिलाया जाता है , और मिक्स करके कपेब को ढककर इसे हॉट प्लेट (hotplate) में रखकर 10 मिनट तक boiling point (गलनांक बिंदु) तक गर्म करते है, फिर इस मिश्रण में उतने ही भार के गर्म पानी में मिलाकर मिश्रण को ashlessfilterpaper (WhatmanNo- 40 or its equivalent) के द्वारा छाना जाता है, एक बार फिर से छने हुए (filteratedpart) को 105 –110 डिग्री तापमान 1 घंटे तक   गर्म करके सूखा लेते हैं , और फिर इसे 10 -15 ml HCL और आसवित जल के 1 : 1 अनुपात के मिश्रण से साथ मिलाकर हॉट प्लेट में गर्म सूखा लेते हैं और बचे हुए मिश्रण के बराबर ही गर्म आसवित जल मिलाकर बचे हुए सिलिका को एक नए ashlessfilterpaper (WhatmanNo- 40 or its equivalent) के द्वारा छानकर प्राप्त किया जाता है

इस तरह बचे हुए अक्षेप (precipitate) (दोनों फिल्टर पेपर के) के माध्यम से सिलिका ज्ञात कर लेते हैं   और filtrate (छना हुआ भाग) को बचाकर रख लेते हैं जो की   लोहा और एल्युमीनियम की मात्रा को ज्ञात करने के काम आता है।

अब बचे हुए फिल्टर पेपर को वजन की हुयी प्लैटिनम की crusible में रख देते है, फिर इसे धीरे धीरे गर्म करके जला लेते हैं,(ध्यान रखना है की इतना ज्यादा गर्म न करे की पेपर से लौ निकलने लगे), अब अंतिम रूप से इसे 1100-1200 डिग्री सेल्सियस पर नियत (constant) वजन आने तक गर्म करते हैं, इस जले हुए residue (जिसमें की कुछ मात्रा में अशुद्धियाँ रहती है) को 1-2 ml आसवित जल , 10 ml हाइड्रोफ्लोरिक (hydrofloric-HF) एसिड, दो बूँद सल्फ्यूरिक एसिड मिलाकर मिश्रण को सूखने तक गर्म करते हैं, और अंततः 1050-1100 डिग्री सेल्सियस पर एक या दो मिनट तक गर्म करके ठंडा करने के बाद वजन करते हैं, अब दोनों वजन अंतर ज्ञात करके सिलिका की मात्रा ज्ञात कर लेते हैं

Silica (%) = 200 (W1 – W2)
Where
W_1 = weight of silica + (insoluble impurities – residue)
W_2 = weight of impurities

Determination Procedure of Sulfer Tri oxide (SO₃)

1 ग्राम सैंपल (नमूने) में 25ml ठंडा पानी मिलकर मिक्स कर देते हैं, इसके बाद इसमें 5 उस HCL मिलकर घोल लेते हैं और फिर इसे धीरे धीरे गर्म करके सुखा लेते हैं , इसके बाद इस सूखे

हुए पदार्थ को किसी कांच की रॉड (जिसके निचला सिरा समतल होता है) से कूट कूटकर पीस लेते हैं, और इस पिसे हुए पदार्थ में फिर से 50 ml पानी मिलाकर dilute करके 15 मिनट तक (boilingtemperature से कम तापमान पर) गर्म करते हैं, और इसे छान लेते हैं, छानने के बाद बड़े मटेरियल को (precipitate, जो की फिल्टर में बचा रह जाता है) को गर्म पानी से अच्छी तरह से छानकर और धोकर अलग करके filterpaper और residue को अलग रख लेते हैं,

और filterate (जो छोटे साइज का मिश्रण फिल्टर से निकल जाता है) को 250 ml पानी के साथ में dilute (पतला) करके boilingpoint तक गरम करते हैं,

और साथ ही साथ इसमें धीरे धीरे बूँद बूँद करके 10 ml गर्म बेरियम क्लोराइड (100 g/l) के मिश्रण डालकर तब तक गर्म करते हैं जब तक की precipitate ठीक से न बन जाए

अब इस मिश्रण को steambath में 4 घंटे या रात भर digest होने के लिए रख देतें हैं।

इसके बाद मिश्रण को filterpaper (whatman no- 42) से छान लेते हैं और precipitate को व्यवस्थित तरीके से साफ कर लेते हैं ,

Filterpaper और contents को तौले हुए प्लैटिनम के crucible में रखते हैं, और धीरे धीरे गर्म करके फिल्टर पेपर को (बिना लौ निकले हुए) जला देते हैं।

इसके बाद बचे हुए पदार्थ को 800 - 900 डिग्री सेल्सियस तापमान पर गर्म करते हैं और desiccator में ठंडा करते हैं, और प्राप्त बेरियम सल्फेट का वनज (W) नाप लेते हैं।

और इस तरह से सल्फुरिक अनहाइड्रेट (SO_3) की मात्रा निम्न सूत्र से ज्ञात करते है।

$$\text{उपस्थित } SO_3 \text{ का प्रतिशत} = \frac{Molecular\ weigh\ of\ SO3}{Molecular\ weigh\ of\ BaS} \times 100 \times W$$

$$= \frac{80}{233} \times 100 \times W$$
$$= 34.3 \times W$$

W = बचे हुए बेरियम सल्फेट (BaSO4) का वजन (ग्राम में)

Determination of basic oxides
Determination of the Combined Oxides (Al_2O_3 & Fe_2O_3):

सिलिका की मात्रा ज्ञात करते समय कुछ मिश्रण जो आयरन और एलुमिना ज्ञात करने के लिए बचाकर beaker में रखा था (लगभग 200 ml) ,उसमें methylRedindicator की कुछ बूंद मिलाते हैं , इसके बाद मिश्रण को धीरे धीरे गर्म करते हैं और साथ ही साथ ब्रोमीन जल या सांद्रित नाइट्रिक अम्ल (concentratednitricacid) की कुछ बूंदे मिलाया जाता है जिससे की उपस्थित ferrousiron , फेरिक ऑक्साइड में परिवर्तित हो जाए, इसके बाद अमोनियम हाइड्राक्साइड (1:1) को धीरे धीरे तब तक मिलाते हैं जब तक की पीला रंग न आ जाये।

इसके बाद इस मिश्रण को गलनांक तापमान (Boilingtemperature) पर 1 मिनट या की जब तक मिश्रण digest न हो (लगभग 10 मिनट तक steambath) गर्म करते हैं और लगभग precipitate को 5 मिनट तक settledown होने देते हैं।

अब इसे filter no 41 (Whatman No- 41 or equivalent) से छान लेते हैं , filterate को अलग रख देते हैं, और Precipitate को 2 % गर्म अमोनियम नाइट्रेट से धोकर अलग कर लेते है, अब इस Precipitate और filterpaper को वजन की हुई crucible में रखकर पहले इतना गर्म करते हैं की फिल्टर पेपर पूर्ण रूप से जलकर खत्म हो जाए (इस दौरान ध्यान ये रखना है की फिल्टर पेपर बिना किसी लौ या flame के जलना चाहिए), अब इसके बाद बचे हुए पदार्थ को 1050-1100 डिग्री सेल्सियस पर गर्म करना चाहिए , और बचा हुआ पदार्थ (एलुमिना और फेरिक ऑक्साइड) का वजन करके मात्रा ज्ञात कर लेते हैं।

बचे हुए अवशेषों को ग्राम में वजन करके 200 से गुणा करके संयुक्त फेरिक ऑक्साइड और एल्यूमिना के प्रतिशत की गणना कर लेते हैं (100 divided by weight of sample used) ।

or

R_2O_3 percent = Weight of residue × 200

Ferric oxide percentage (Fe_2O_3):

Method 2 Potassium Permanganate Method (As per IS : 4032 – 1985)

1 ग्राम सैंपल में 40 ग्राम ठंडा पानी मिलाते हैं , मिश्रण को मिलाते समय 15ml हाइड्रोक्लोरिक अम्ल को भी मिला देते हैं , और व्यवस्थित तौर से मिलाने के लिए पदार्थ को किसी कांच की रॉड (जिसके निचला सिरा समतल होता है) से कूट कूटकर पीस लेते हैं, अब मिश्रण को गलनांक तापमान (boilingtemperature) तक गर्म कर लेते हैं , और बूंद बूंद करके इसमें कलई किये हुए क्लोराइड (stannouschloridesolution) के मिश्रण को तब तक मिलाते हैं जब तक की मिश्रण colorless न हो जाए, stannouschloridesolution को थोड़ी और मात्रा में मिलाकर कमरे के तापमान में ठंडा कर लेते हैं, इसके बाद इसमें 15 ml मरक्यूरिक क्लोराइड के संतृप्त घोल (saturatedsolutionof mercuric chloride)को मिलाकर अच्छी तरह से मिला लेते हैं , फिर इसमें 25 ml मॅग्नीज सल्फेट के घोल (manganesesulphatesolution) को मिला देते हैं , फिर इस घोल को पोटैशियम परमैग्नेट घोल (potassiumpermanganatesolution) से तब तक titrate (वह प्रक्रिया जिसमें उतना ही घोल मिलाते हैं जितना की पूर्ण अभिक्रिया करने के लिए आवश्यक होता है) करते हैं जब तक की गुलाबी (Pink) रंग न प्राप्त हो जाए
इस तरह से फेरिक ऑक्साइड की मात्रा ज्ञात करते हैं

Method 2 (EDTA Method) (As per IS : 4032 – 1985)

सिलिका की मात्रा ज्ञात करते समय कुछ मिश्रण जो आयरन और एलुमिना ज्ञात करने के लिए बचाकर beaker में रखा था , इसके 25 ml मिश्रण को लेकर उसमें diluted अमोनियम हाइड्राक्साइड (1 :6) तब तक मिलाते हैं जब तक की   मिश्रण में मैलापन (turbidity) न आ जाये, अब इसमें diluted HCL (1:10) को तब तक मिलाते हैं जब तक की मिश्रण में से मैलापन समाप्त होकर फिर से साफ न हो जाए और PH मान 1 से 1.5 के बीच में न आ जाये   , अब इसमें 100 ग्राम sulphosalicylic acid and titrate with 0.01 MEDTA   के मिश्रण को तब तक मिलाते हैं

जब तक की यह colorless या हल्का पीला न हो जाए , अब इसे निम्न सूत्र के माध्यम से ज्ञात कर लेते हैं

1 ml of 0.01M EDTA = 0.7985 mg of Fe_2O_3

Iron oxide (Fe_2O_3) %= $\dfrac{0.7985 \; X \; V}{W}$

Where
V = Volume of EDTA used in ml, and
W = Weight of the sample in g.

Aluminum oxide (Al_2O_3) Percentage:

Method I:

ऊपर के भाग में हमने combined alumina–ferricoxide और ferricoxide की मात्रा ज्ञात कर लिए हैं, अब निम्न सूत्र से हम aluminaoxide की मात्रा ज्ञात कर सकते हैं।

% of Al_2O_3 = Combined oxides percentage – % of Fe_2O_3

Method II:

सिलिका की मात्रा ज्ञात करते समय कुछ मिश्रण जो आयरन और एलुमिना ज्ञात करने के लिए बचाकर beaker में रखा था , इसके 25 ml मिश्रण को लेकर उसमें diluted अमोनियम हाइड्राक्साइड (1 :6) तब तक मिलाते हैं जब तक की मिश्रण में मैलापन (turbidity) न आ जाये, अब इसमें dilutedHCL (1:10) को तब तक मिलाते हैं जब तक की मिश्रण में से मैलापन समाप्त होकर फिर से साफ न हो जाए और PH मान 1 से 1.5 के बीच में न आ जाये , अब इसमें 100 ग्राम sulphosalicylicacidandtitratewith0.01 MEDTA के मिश्रण को तब तक मिलाते हैं जब तक की यह colorless या हल्का पीला न हो जाए

अब इसमें 15 mlEDTA का सामान्य घोल (standardsolution), 1ml फास्फोरिक अम्ल (1:3), 5 ml सल्फ्यूरिक अम्ल (1:3), thymolblue की एक बूंद को titrationflask में मिला देते हैं, अब इसमें अमोनियम एसिटेट (ammoniumacetate) के घोल को तब तक मिलाते हैं जब तक की रंग लाल से पीला न हो जाये , इसके बाद 25 ml अमोनियम एसिटेट (ammoniumacetate) को और अधिक मिला देते हैं ताकि PH मान 6 तक हो जाए।

इस घोल को एक मिनट तक गलनांक तापमान पर (Boiling temperature) पर गर्म करने के बाद , कमरे के तापमान में ठंडा करते हैं, और फिर 50 mg ठोस जाइलोनाल ऑरेंज इंडिकेटर (Xylenolorangeindicator) एवं bismuthnitratesolution को डालकर तब तक घोलते हैं जब तक की रंग पीला से लाल न हो जाए , bismuthnitratesolution को 2 से 3 ml और ज्यादा मिला देते हैं, अब इस घोल को 0.01 M EDTA के घोल द्वारा titrate (मिलाते) करते हैं जब तक की घोल का रंग तेज पीला और endpoint लाल रंग का न हो जाए।

Calculation — Calculate the percentage of Al_2O_3 as below:

$V = V_1 - V_2 - (V_3 \times E)$

where

V = Volume of EDTA for alumina in ml,
V_1 = Total volume of EDTA used in the titration in ml,

V_2 = Volume of EDTA used for iron in ml,
V_3 = Total volume of bismuth nitrate solution used in
      the titration in ml, and
E = Equivalence of 1 ml of bismuth nitrate solution

Equivalence of bismuth nitrate solution is obtained as follows:

- 100 मिलीलीटर bismuthnitrate के घोल को 500ml फ्लास्क में भरकर लगभग 100 मिलीलीटर आसुत जल के साथ मिलकर पतला कर लेते हैं।
- Thymolbluesolution और vammoniumacetratesolution की कुछ बूंदें तब तक मिलाते हैं जब तक कि रंग लाल से पीला न हो जाए।
- 50mg, Xylenolorangeindicator को titratewith0.01 M EDTA solution के साथ तब तक मिलाएं जब तक कि रंग लाल से पीला न हो जाए।
- Theequivalence (mlofEDTA) of1mlof bismuthnitratesolution की गणना निम्नानुसार की जाती है:

$$E= \frac{V_4}{100}$$

V_4 = Volume of EDTA solution in ml.

$$\text{Aluminium oxide (Al}_2\text{O}_3) \text{ percent} = \frac{0.5098 \, X \, V}{W}$$

Where

W = Weight of the sample in g.

Determination of the Calcium Oxide(CaO)

EDTA Method as per IS : 4032 – 1985

सिलिका की मात्रा ज्ञात करते समय कुछ मिश्रण जो आयरन और एलुमिना ज्ञात करने के लिए बचाकर Beaker में रखा था , इसके 10 ml मिश्रण को लेकर उसमे 250 ml flask में में भर लेते हैं , इसमें 5 ml glycerol (1 :1) और 5 mldiethylamine को stirer के माध्यम से घोला जाता है, अब इसमें 10 ml , 4N वाला सोडियम हाइड्रा ऑक्साइड मिलाकर मिश्रण को हिलाते हैं , ताकि घोल का pH मान 12 या उससे अधिक हो जाए , इसके बाद 50ml आसवित जल और 50mlsolidPatton–Reeder'sindicator को मिलाने के बाद इस घोल को 0.01 M EDTA के घोल द्वारा titrate (मिलाते) करते हैं जब तक की घोल का रंग wine red से clear blue रंग का न हो जाए।

1 ml of 0.01 M EDTA = 0.5608 mg of CaO

$$\text{Calcium Oxide (CaO) percent} = \frac{0.5098 \, X \, 25 \, X \, V}{W}$$

    Where
    V = Volume of EDTA used in ml, and

W = Weight of the sample in g.

Determination of Magnesium Oxide
EDTA Method as per IS : 4032 – 1985

सिलिका की मात्रा ज्ञात करते समय कुछ मिश्रण जो आयरन और एलुमिना ज्ञात करने के लिए बचाकर में रखा था , इसके 5 mltriethanolamine (1:1) , और 20 ml, 10 pH के buffersolution को मिलकर अच्छे से हिलाकर मिलाया जाता है , इसके बाद 50 mg ठोस thymolphthalexoneindicator को 50 ml आसवित जल के साथ मिलाकर इस घोल को 0.01M EDTA के घोल द्वारा titrate (titration वह प्रक्रिया है जिसमे घोल को धीरे धीरे उतना ही मिलाना है जितना की पूर्ण अभिक्रिया करने के लिए उपयुक्त हो) करते हैं जब तक की घोल का रंगनीले से गुलाबी (Pink) रंग का न हो जाए।

यह अनुमापन (titration), से प्राप्त घोल उसमें उपस्थित कैल्शियम ऑक्साइड और मैग्नीशियम ऑक्साइड के योग को बताता है ,

अब इस मान (value) में पूर्व में प्राप्त कैल्शियम ऑक्साइड के मान (value) को घटाकर निम्न सूत्र के द्वारा मैग्नीशियम ऑक्साइड की मात्रा ज्ञात करते हैं

$$\text{Magnesium oxide (MgO) percent} = \frac{0.4032 \text{ X } 25 \text{ X } (V1-V)}{W}$$

       Where
       V1 = Volume of EDTA used in this titration in ml,
       V = Volume of EDTA used in CaO determination in ml
       W = Weight of the sample in g.

Determination of LOI (Loss on ignition)

किसी में रॉ मटेरियल, क्लिंकर या सीमेंट को एक निश्चित तापमान पर गर्म करने के दौरान उसके घटे हुए वजन की मात्रा को ही Loss of ignition कहा जाता है।

अंतिम उत्पाद (Finalproduct) की गुणवत्ता की निगरानी (Monitoring) और सुधार (improvement) के लिए एक संकेतक (indicator) के रूप में इसका उपयोग किया जा सकता है।

किसी भी नमूने (Sample) को गर्म करने (Heating) से उसके विभिन्न घटकों का वाष्पीकरण होने कारण उसके वजन में कमी (Lossofweight) हो जाती है।

पानी का वाष्पीकरण 100-105˚C पर, कार्बनिक पदार्थ (organicmaterial)550˚C , और अधिकतम कार्बोनेट 800-1000˚C पर खत्म (lost) हो जाते हैं।

सीमेंट किल्न में कैल्शिनशन के दौरान वाष्पीकृत पदार्थ जैसे की CO_2 , पानी और अन्य दहनशील आदि का मुक्त होने के कारण जो वजन में कमी को ignition सवे या LOI कहते हैं , इसे निम्न सूत्र से ज्ञात करते हैं.

Ignition Loss = 0.44 $CaCO_3$+ 0.524 $MgCO_3$ + Combined H_2O + Organic Matter

---

Determination of Total corbonate , Magnesium Carbonate and Calcium carbonate

Testing of Total Corbonate:

    1 ग्राम लाइमस्टोन के सैंपल को लेते हैं, फिर उसमे 0.6 N वाला HCL मिलाते हैं, फिर उसे तीन मिनट तक गर्म धातु की प्लेट में रखते हैं , गर्म होने के बाद उसे 0.2 N वाले NaOH के साथ अनुमापन करते हैं , फिर इसमें सूचक के रूप में क्विनॉल पहिनेथ्लिन मिलाते हैं, उसके बाद रीडिंग को नोट कर लेते हैं यह पाठ्यांक A कहलाता हैं, इस तरह से ज्वजंसब्ंतइवदंजम ज्ञात कर लेते हैं।

    T_C = Factor or A

    A= Reading of burret

Testing of Magnisium Carbonate:

    मैग्नीशियम कॉर्बोनेट की टेस्टिंग के लिए हम उसी घोल में 0.2 N वाले वाले 10 ml NaOH को मिलाते हैं, सूचक के रूप में फिनॉप्फ्थलीन (डाई फिनॉल) तब तक मिलाते हैं, जब तक की बैगनी रंग न प्राप्त हो जाए , फिर इस घोल को गर्म करने के बाद ठंडा कर लेते हैं, और फिर घोल में 0.6N वाले HCL के साथ अनुमापन (Titrate) करते हैं, जब गुलाबी रंग या colorless मिश्रण प्राप्त हो जाता है तब ब्यूरेट की रीडिंग नोट कर लेते हैं माना की यह "B" है फिर निम्न सूत्र के माध्यम से मैग्नीशियम कार्बोनेट की मात्रा ज्ञात कर लेते हैं

    $MgCO_3$ (Magnisium Carbonate)   = 10 – (B x 2) x0.87

    $CaCO_3$ (Calcium Carbonate)   = Total Corbonate – $MgCO_3$

Experiment:

उपयोगी घोल :

1. 0.4N HCL
2. 0.1 NaOH
3. Ph indicator: Phenolphthalein
4. Thynel pH indicator: Thymolphthalein

उपयोगी उपकरण:

1. Conical flask
2. Buret hot plate
3. Water bath

उपयोगी सूत्र:

Total corbonate (TC)	= Factor-A
MC	= 2.5-B = C
$MgCO_3$	= C x 3.36
Equivalent MC	= MgCO3 x 1.19

<u>कार्यप्रणाली:</u>

- सबसे पहले 0.5 ग्राम नमूने (sample) को एक flask में ले लेते हैं, उसमे 0.4 N वाला 25 ml HCL को मिलाते हैं,
- इसके बाद इस घोल को hotplate में रखकर गर्म करके फिर ठंडा करते हैं, और फिर इसमें phenolphthalinindicator की 2 बूँद मिलाते है,
- फिर प्राप्त घोल को 0.1 N वाले NaOH के घोल से अनुमापन (titrate) करते हैं, जब तक की गुलाबी (pink) रंग न प्राप्त हो जाये,
- और फिर reading"A" को नोट करते हैं
- इसके पश्चात् इस घोल में 10mlNaOH के घोल को मिलकर 2 बूँद Thymolphthalein (Thynelindicator) मिलाते हैं जिससे की घोल का रंग नीला (Blue) हो जाता है।
- इसके बाद फिर 0.4 N वाले NaOH के मिश्रण के साथ अनुमापन (Titrate) करते हैं, जब तक की बिना रंग के (colorless) घोल प्राप्त न हो जाए, और reading"B" नोट कर लेते हैं।

Question:

1 ग्राम लाइमस्टोन के सैंपल को 0.1N वाले NaOH के घोल के साथ अनुमापन करने के बाद रीडिंग 32 ml है , और जब इसे 0-4 N वाले HCL मिश्रण के साथ titrate किया जाता है तो रीडिंग 3 ml प्राप्त होती है , मिश्रण के factor को 99 मानकर TC, MC, CC को ज्ञात करें।

Solution:

$A = 32$ ml

$B = 3$ ml

For 1-gram Sample $A = \dfrac{32}{2} = 16$ ml

And

$$\begin{aligned}
B &= 3/2 = 1.5 \\
T.C. &= Factor - A \\
&= 99 - 16 = 83
\end{aligned}$$

$CaCO_3$	$\rightarrow$	CaO	$+$	CO_2
100		56		44

$MgCO_3$	$\rightarrow$	MgO	$+$	CO_2	$(\dfrac{100}{84} = 1.19)$
84		40		44	

M.C. $\qquad = 2.5 - B$

Suppose we take place excess NaOH reading $\qquad = 1.5$

Normality of HCL $\qquad = 0.4$

Normality of NaOH $\qquad = \dfrac{0.4}{0.1} = 4$

$10 - (4 \times 1.5) \qquad = 10\text{-}6 = 4$

Equivalent $MgCO_3 \qquad = 4$

M.C. $\qquad = \dfrac{4}{1.19} = 3.36$

M.C.	$= 2.5 - B$
	$= 2.5 - 1.5$
	$= 1$
$MgCO_3$	$= 1 \times 1.36$
Equivalent $MgCO_3$	$= 3.36 \times 1.19$
	$= 3.998$
CC	$= 83 - 3.998$
CC	$= 79.002$

Chapter:02

Learning Outcome 1:

"Different Methods Of Raw Mix Design, Two, Three, Four, Component Designs, Criteria For Raw Mix Design, Chemical Composition Of Raw Materials Of Cement Clinker, Quality Control At The Lime Stone Quarry, Potential Clinker Composition.

Different Methods Of Raw Mix Design, Two, Three, Four, Component Designs"

Two Components Design
Alligation alternate method

मिश्रण समस्याओं को हल करने के लिए गणना का सबसे सरल तरीका alligationalternate है, यह विधि दो घटकों के अनुपात के निर्धारण के लिए उपयोग के जाती है, इस विधि में आवश्यक चूने की सामग्री एक सेट पॉइंट के रूप ली जाती है और फिर इसका उपयोग करके दोनों घटकों के अनुपात को ज्ञात किया जाता है।

Question:

91 % CaCO₃ वाली limestone , और 31 % CaCO₃वाली मिट्टी (Clay) को किस अनुपात में मिलाया जाए की वह 76 % CaCO₃ वाला रॉ मिक्स (Rawmix) बन जाए ?

Solution:

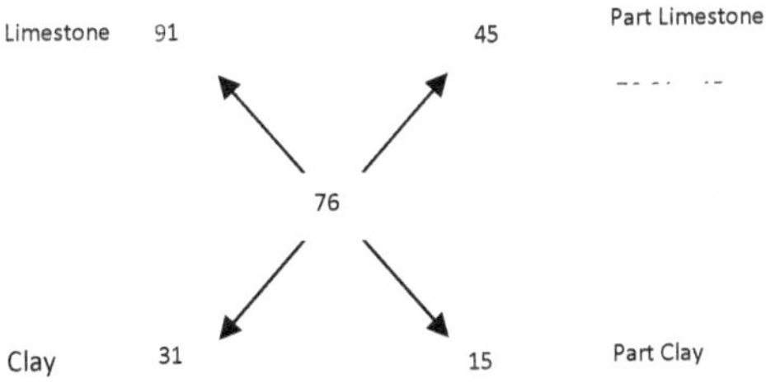

इस तरह ऊपर किए गए Calculation के अनुसार, 76% के $CaCO_3$ वाले कच्चा मिश्रण (Raw mix) प्राप्त करने के लिए, चूना पत्थर ($CaCO_3$) के 45 भागों को और मिट्टी के 15 भागों के साथ मिलाया जाना चाहिए। इस प्रकार कच्चे मिश्रण में घटकों का अनुपात, (चूना पत्थर: मिट्टी) = 45: 15, या 3: 1 होना चाहिए।

Calculation based on the hydraulic module

यह विधि दो अवयवों के लिए उपयुक्त है जब क्लिंकर का हाइड्रोलिक मॉड्यूल चुन (मसमबज) लिया गया हो, गणना को आसान बनाने के लिए विभिन्न अवयवों को प्रतीकों के माध्यम से दिखाया गया है।

Compounds	Clinker	Raw Mix	Raw Material 1	Raw Material 2	Raw Material 3	Raw Material 4	Coal Ash
CaO	C	C_m	C_1	C_2	C_3	C_4	C_a
SiO_2	S	S_m	S_1	S_2	S_3	S_4	S_a
Al_2O_3	A	A_m	A_1	A_2	A_3	A_4	A_a
Fe_2O_3	F	F_m	F_1	F_2	F_3	F_4	F_a

इनsymbols का उपयोग करके निम्न सूत्र से हाइड्रॉलिक मॉड्यूल ज्ञात करते हैं

$$H.M. = \frac{CaO}{SiO_2 + Fe_2O_3 + Al_2O_3}$$

For clinker
$$H.M. = \frac{C}{S+F+A}$$

For Raw Mix
$$H.M. = \frac{C_m}{S_m+F_m+A_m}$$

क्योंकि दोनों मॉड्यूल बराबर होना चाहिए इस लिए बराबर करने पर

$$\frac{C}{S + F + A} = \frac{C_m}{S_m + F_m + A_m}$$

गणना की इस पद्धति के अनुसार पहले कच्चे माल के x भागों को दूसरे कच्चे माल के एक हिस्से में मिलाया जाता है। इस धारणा के तहत, विशेष कच्चे माल के घटकों की मात्रा की गणना निम्न सूत्रों का उपयोग करके की जा सकती है

$$C_m = \frac{x\,C_1 + C_2}{x + 1}$$

$$S_m = \frac{x\,S_1 + S_2}{x + 1}$$

$$A_m = \frac{x\,A_1 + A_2}{x + 1}$$

$$F_m = \frac{x\,F_1 + F_2}{x + 1}$$

$$\text{H.M.} = \frac{\dfrac{x\,C_1 + C_2}{x+1}}{\dfrac{x\,S_1 + S_2}{x+1} + \dfrac{x\,F_1 + F_2}{x+1} + \dfrac{x\,A_1 + A_2}{x+1}}$$

चूकि ऑक्साइड घटकों को कच्चे माल के रासायनिक विश्लेषण से ज्ञात किया जाता है, और हाइड्रोलिक मॉड्यूल गुणवत्ता की आवश्यकताओं के अनुसार चुना जाता है, केवल शेष अज्ञात • है।

x का मान को निम्न सूत्र से ज्ञात किया जाता है

$$x = \frac{HM\,(S_2 + A_2 + F_2) - C_2}{C_1 - HM\,(S_1 + A_1 + F_1)}$$

$$x = -\frac{C_2 - HM\,(S_2 + A_2 + F_2)}{C_1 - HM\,(S_1 + A_1 + F_1)}$$

<u>Question:</u>

Two raw materials are given with the following com position (see column 1 and 2 of table 2.2.)

Calculate the composition of the raw mix, assuming a hydraulic module of HM = 2.2.

Solution:

जैसा की हम जानते हैं की आवश्यक रॉ मटेरियल का अनुपात निम्न सूत्र के माध्यम से ज्ञात किया जा सकता है।

$$x = \frac{HM\,(S_2+A_2+F_2)-C_2}{C_1- HM\,(S_1+A_1+F_1)}$$

$$x = \frac{2.2\,(33.01+7.31+4.83)-3\,.22}{47.80- 2.2\,(8.7+2.35+1.32)}$$

$$x = 3.324$$

इस तरह HM = 2.2 का क्लिंकर प्राप्त करने के लिए, हमें 3.324 भाग चूना पत्थर को एक भाग marl के साथ मिश्रण करना होगा।

इस तरह रॉ मिक्स (Raw mix) में जरूरी Limestone $= \dfrac{3.324}{(3.324+1)}$x 100%= **76.87%**

इस तरह रॉ मिक्स (Raw mix) में जरूरी Marl $= \dfrac{1}{(3.324+1)}$x 100%= **23.13%**

Compounds	Lime stone	Marl	76.87% Limestone	23.13% Marl	100% Raw Mix	Clinker
SiO_2	8.7	33.01	6.69	7.64	14.33	21.94
Al_2O_3	2.35	7.31	1.81	1.69	3.5	5.36
Fe_2O_3	1.32	4.83	1.01	1.12	2.13	3.26
CaO	47.8	30.22	36.75	6.99	43.74	66.92
MgO	1.5	0.66	1.15	0.15	1.3	2
SO_3	0.36	0.2	0.23	0.05	0.28	0.44
LOI	37.96	23.77	29.18	5.49	34.67	-
Rest balance	0.01	-	0.05	-	0.05	0.08
	100	100	76.87	23.13	100	100

दी गयी तालिका के कॉलम 3 और 4 में गणना किए गए रॉ मिक्स (कच्चा मिश्रण) के घटक दिखाई देते हैं, और कच्चे मिश्रण की संरचना (composition) कॉलम 5 (कॉलम 3 + 4 = कॉलम 5) में दी गई है।

कॉलम 5 वाले रॉ मिक्स के अनुसार गणना करने के बाद क्लिंकर की संरचना को कॉलम 6 में दिखाया गया है। जो प्रज्वलन पर नुकसान (LOI) से मुक्त है।

कॉलम 6 से हम हाइड्रोलिक मॉड्यूल HM = 2.2 प्राप्त करते हैं।

Calculation based on lime saturation factor

Question:

निम्नांकित तालिका में दो तरह के रॉ मटेरियल हैं जिसे कॉलम 1 और कॉलम 2 में दिखाया गया है, और मिश्रण ऐसा बनाना है की हाइड्रोलिक मॉड्यूल (Hydraulic Module)0.92 रहे।

$$KS_K = \frac{CaO \quad (1.65\ Al_2O_3 + 0.35\ Fe_2O_3)}{2.8\ SiO_2}$$

$$KS_K = 0.92$$

Compounds	Lime stone	Clay	80.2% Limestone	19.8% Marl	100% Raw Mix	Clinker
SiO_2	1.42	62.95	1.14	12.46	13.60	21.28
Al_2O_3	0.48	18.98	0.38	3.76	4.14	6.48
Fe_2O_3	0.38	7.37	0.30	1.46	1.76	2.76
CaO	52.6	1.4	42.19	0.28	42.46	66.44
MgO	1.11	0.98	0.89	0.19	1.08	1.70
SO_3	0.85	0.85	0.68	0.17	0.85	1.33
LOI	43.16	7.47	34.61	1.48	36.09	-
Total	100	100	80.2	19.8	100.0	100.0

विभिन्न संकेतों को सूत्र में रखने के बाद निम्नांकित सूत्र प्राप्त होता है।

$$KS_K = \frac{\frac{x\,C_1 + C_2}{x+1} + \left(1.65\,\frac{x\,A_1 + A_2}{x+1} + 0.35\,\frac{x\,F_1 + F_2}{x+1}\right)}{2.8\,\frac{x\,S_1 + S_2}{x+1}}$$

$$x = \frac{(2.8\,KS_K.S_2 + 1.65\,A_2 + 0.35F_2) - C_2}{C_1 - (2.8\,KS_K.S_1 + 1.65\,A_1 + 0.35F_1)}$$

इस सूत्र के माध्यम हम ज्ञात कर सकते हैं की कितने भाग लाइमस्टोन (Limestone) को एक भाग clay के साथ मिलाया जायेगा।

सूत्र में मान रखने पर

$$x = \frac{(2.8 \, X \, 0.92 \, X \, 62.95 + 1.65 \, X \, 18.98 + 0.35 X 7.37) - 1.4}{52.60 - (2.8 \, X \, 0.92 \, X \, 1.42 + 1.65 \, X \, 0.48 + 0.35 X \, 0.38)}$$

$$x = 4.053$$

इस तरह 4.053 भाग लाइमस्टोन को एक भाग clay के साथ मिलाना होगा।

इस तरह रॉ मिक्स (Raw mix) में जरूरी Limestone $= \dfrac{4.053}{(4.053+1)} X \, 100\% = 80.20\%$

इस तरह रॉ मिक्स (Raw mix) में जरूरी Clay $= \dfrac{1}{(4.053+1)} X \, 100\% = 19.8\%$

इस तरह तालिका के कॉलम 3,4,5,6 को गणना करके दिखाया गया है, और हम Lime Saturation Factor को भी cross check कर सकते हैं।

$$KS_K = \frac{CaO - (1.65 \, Al_2O_3 + 0.35 \, Fe_2O_3)}{2.8 \, SiO_2}$$

$$KS_K = \frac{66.47 - (1.65 x 6.49 + .35 x 2.75)}{2.8 \, x \, 21.27}$$

$$KS_K = 0.92$$

Three Components Design:

Calculation with lime saturation factor and silica ratio

Question:

क्लिंकर बनाने के लिए यदि लाइम सेचुरेशन फैक्टर (LSF) 0.92 , सिलिका रेश्यो (Silica ratio) 2.7 हो तो क्लिंकर बनाने के लिए रॉ मिक्स डिजाइन (RawMixdesign) मिश्रण ज्ञात कीजिये , निम्न सारणी में तीन तरह के रॉ मटेरियल दिए गए हैं।

For clinker   S.M. $= \dfrac{S}{A+F}$

For Raw Mix   H.M. $= \dfrac{S_m}{A_m + F_m}$

क्योंकि दोनों मॉड्यूल बराबर होना चाहिए इस लिए बराबर करने पर

$$\frac{S}{A + F} = \frac{S_m}{A_m + F_m}$$

गणना की इस पद्धति के अनुसार माना पहले कच्चे माल के 'x' भागों को दूसरे कच्चे माल के 'y' भागों को तीसरे कच्चे मॉल के एक हिस्से में मिलाया जाता है। इस धारणा के तहत, विशेष कच्चे माल के घटकों की मात्रा की गणना निम्न सूत्रों का उपयोग करके की जा सकती है

$$C_m = \frac{x\,C_1 + y\,C_2 + C_3}{x + y + 1}$$

$$S_m = \frac{x\,S_1 + y\,S_2 + S_3}{x + y + 1}$$

$$A_m = \frac{x\,A_1 + y\,A_2 + A_3}{x + y + 1}$$

$$F_m = \frac{x\,F_1 + y\,F_2 + F_3}{x + y + 1}$$

उपर्युक्त मान   को लाइम सचुरेशन फैक्टर और सिलिका रेश्यो में रखने के बाद x और y का निम्न सूत्र प्राप्त होता है।

$x\,[(2.8\,KS_K\,S_1+1.65A_1+0.35F_1)-C_1)]+ y\,[(2.8\,KS_K\,S_2+1.65A_2+0.35F_2)-C_2)] = C_3-[(2.8\,KS_K\,S_3+1.65A_3+0.35F_3)$

and

$x[SM(A_1+F_1)-S_1]+Y[SM(A_2+F_2)-S_2]=S_3-SM(A_3+F_3)$

सूत्र को अच्छी तरह समझने के लिए निम्नांकित संकेतो का उपयोग करते हैं

$a_1 = (2.8\,KS_K\,S_1+1.65A_1+0.35F_1)-C_1)$

$b_1 = (2.8\,KS_K\,S_2+1.65A_2+0.35F_2)-C_2)$

$c_1 = C_3-[(2.8\,KS_K\,S_3+1.65A_3+0.35F_3)$

$a_2 = SM(A_1+F_1)-S_1$

$b_2 = SM(A_2+F_2)-S_2$

$c_2 = S_3-SM(A_3+F_3)$

इन संकेतों को सूत्र में रखने के बाद

$a_1x+b_1y=c_1$

$a_2x+b_2y=c_2$

इन्हे हल करने के बाद

$$x = \frac{c_1 b_2 - c_2 b_1}{a_1 b_2 - a_2 b_1}$$

$$y = \frac{a_1 c_2 - a_2 c_1}{a_1 b_2 - a_2 b_1}$$

सिलिका अनुपात के बजाय एल्यूमिना अनुपात की गणना करने के लिए, अर्थात लाइम सचुरेशन फैक्टर, एल्यूमिना रेश्यो, a_2, b_2 और c_2 की गणना करने के लिए, निम्नलिखित सूत्र प्राप्त होगा (a_1, b_1 और c_1 अपरिवर्तित रहेंगे)

$$aa_2 = TM.A_1 - F_1$$
$$b_2 = TM.A_2 - F_2$$
$$c_2 = F_3 - TM.A_3$$

Limestone के x हिस्सों , मिट्टी के y हिस्सों को , जो कि **pyrites cinders** के एक हिस्से के लिए संलग्न हैं, x और y के लिए उपरोक्त सूत्रों का उपयोग किया जाता है।

$a_1 = (2.8\ KS_K\ S_1 + 1.65A_1 + 0.35F_1) - C_1) = (2.8\ \text{x}\ 0.92\ \text{x}\ 0.95\ +\ 1.65\ \text{x}\ .92 + 0.35\text{x}.38) - 54.6$
 $= -50.502$
$b_1 = (2.8\ KS_K\ S_2 + 1.65A_2 + 0.35F_2) - C_2\ ) = (2.8\ \text{x}\ 0.92\ \text{x}\ 68\ +\ 1.65\ \text{x}\ 12.6 + 0.35\text{x}2.95) - 5.7$
 $= 191.20$
$c_1 = C_3 - [(2.8\ KS_K\ S_3 + 1.65A_3 + 0.35F_3) = 0.76 - (0.28\text{x}0.92\text{x}11\ + 1.65\ \text{x}\ 1.5\ + 0.35\ \text{x}\ 84.2$
$= -59.251$

$a_2 = SM(A_1 + F_1) - S_1 = 2.7\ (0.92 + 0.38) - 0.95 = 2.560$
$b_2 = SM(A_2 + F_2) - S_2 = 2.7\ (12.6 + 2.95) - 68 = -26.015$
$c_2 = S_3 - SM(A_3 + F_3) = 11 - 2.7\ (1.5 + 84.20) = -220.390$

मान रखने के बाद x और y निम्न सूत्र से ज्ञात करते हैं

$$x = \frac{[-59.521 \times (-26.015)] - [-220.390 \times 191.290]}{[-50.502\ X(-26.015)] - (2.560\ X\ 191.290)}$$
$$x = 53.03$$
$$y = \frac{a_1 c_2 - a_2 c_1}{a_1 b_2 - a_2 b_1}$$
$$x = \frac{[-50.502 \times (-220.390)] - [-2.560 \times (-59.521)]}{[-50.502\ X(26.015)] - (2.560\ X\ 191.290)}$$
$$x = 13.69$$

इस तरह

53.03 भाग लाइमस्टोन, 13.69 भाग Clay को 1 भाग **pyrite cinders** को मिलाना पड़ेगा, अब इसे प्रतिशत के रूप में निम्नांकित रूप से ज्ञात कर सकते हैं।

$$\text{Limestone} = \frac{53.03}{53.03 + 13.69 + 1} = 78.26\%$$

$$\text{Clay} = \frac{13.69}{53.03 + 13.69 + 1} = 20.24\%$$

Pyrites cinders $= \dfrac{1}{53.03+13.69+1} = 1.5\%$

कॉलम 4 , 5 , 6 , 7 , 8 में ज्ञात किये हुए अवयवों की मात्रा को दिखाया गया है , जो की इस विधि द्वारा किये गए गणना की शुद्धता को दिखाता है।

Compounds	Lime stone	Clay	Pyrites	78.26% Lime stone	20.24% Marl	1.5% Pyrites	Raw Mix	Clinker
SiO_2	0.95	68	11	0.74	13.76	0.17	14.67	22.35
Al_2O_3	0.92	12.6	1.5	0.72	2.55	0.02	3.29	5.02
Fe_2O_3	0.38	2.95	84.2	0.30	0.60	1.26	2.16	3.29
CaO	54.6	5.7	0.76	42.73	1.15	0.01	43.90	66.87
MgO	0.95	1.45	0.55	0.74	0.29	0.01	1.05	1.59
SO_3		1.28	1.25	0.00	0.26	0.02	0.28	0.42
LOI	42.03	7.2	0.67	32.89	1.46	0.01	34.36	
Rest balance	0.17	0.82	0.07	0.13	0.17	0.00	0.30	0.46
Total	100	100	100	78.26	20.24	1.5	100.0	
Lime Saturation Factor							0.9	0.9
Silica Ratio							2.5	2.5

Calculation of the quantity of coal ash absorbed by the clinker

जब क्लिंकर जलाने के लिए प्राकृतिक गैस या ईंधन तेल का उपयोग किया जाता है, तब क्लिंकर द्वारा ईंधन राख (fuel ash) का अवशोषण नहीं होता है, इसके विपरीत, जब हम कोयले का उपयोग ईंधन के रूप में करते हैं तो क्लिंकर द्वारा कोयला राख (ashinfuel) अवशोषण को भी consider करना चाहिए।

आधुनिक kiln (withpreheater) में dustloss लगभग खत्म हो चुका है और केवल क्लिंकर द्वारा ही ash का absorption या अवशोषण होता है, आमतौर पर rotary kiln में क्लिंकर द्वारा ash absorption की दर 30 से 100 प्रतिशत तक होती है, जो की किल्न के प्रकार पर निर्भर करती है , shaft kiln में ash absorption 100 % तक होता है।

$100\,C = (100-q_1)\,C_m + q_1\,C_a$

$100\,S = (100-q_2)\,S_m + q_2\,S_a$

$100\,A = (100-q_3)\,A_m + q_3\,A_a$

100 F = (100-q_4) F_m+q_4 F_a

$$q_1 = \frac{C-C_m}{C_a-C_m}\,100 \qquad q_2 = \frac{S-S_m}{S_a-S_m}\,100$$

$$q_3 = \frac{A-A_m}{A_a-A_m}\,100 \qquad q_4 = \frac{F-F_m}{F_a-F_m}\,100$$

Oxide	Raw Mix	Clinker	Coal Ash
SiO_2	19.00	19.85	42.95
Al_2O_3	8.25	8.92	27.88
Fe_2O_3	2.80	3.31	17.6
CaO	66.60	64.45	4.95

$$q_1 = \frac{64.45-66.60}{4.95-66.60} \times 100 = 3.49$$

$$q_2 = \frac{19.85-19.00}{42.95-19.00} \times 100 = 3.55$$

$$q_3 = \frac{8.92-8.25}{27.88-8.25} \times 100 = 3.41$$

$$q_4 = \frac{3.31-2.80}{17.60-2.80} \times 100 = 3.44$$

$$q = \frac{3.49+3.55+3.41+3.44}{4} = 3.47$$

Question: 2.7

Compounds	%
SiO_2	47%
Al_2O_3	29.10%
Fe_2O_3	12.50%
CaO	6.60%
MgO	1.80%
K_2O Na_2O	2.80%
Total	99.80%

बिना Coal ash के क्लिंकर composition

Compounds	
SiO_2	21.50%
Al_2O_3	5.20%
Fe_2O_3	3.70%
CaO	67.50%
MgO	1.60%
K_2O Na_2O	0.50%
Total	100.00%

बिना **Coal ash** के क्लिंकर **composition**

$$\triangle = \frac{\text{\% Coal rate x \% ash content of coal x \% oxide component}}{100 \times 100}$$

माना कि कोयले की दर क्लिंकर भार का 19% है, कोयले में राख सामग्री (**ashcontent**) 12% है, और राख अवशोषण दर (**ashabsorptionrate**)100% है।

Compounds	
SiO_2	$0.19 \times 0.12 \times 47.0 = 1.07$
Al_2O_3	$0.19 \times 0.12 \times 29.1 = 0.67$
Fe_2O_3	$0.19 \times 0.12 \times 12.5 = 0.28$
CaO	$0.19 \times 0.12 \times 6.6 = 0.15$
MgO	$0.19 \times 0.12 \times 1.8 = 0.04$
K_2O Na_2O	$0.19 \times 0.12 \times 2.8 = 0.06$
Total	$99.8 = 2.27$

संशोधित क्लिंकर संरचना (**Corrected clinker Compositon**) और कच्चे मिश्रण (Raw mix) के (**ignited raw material**) मापांक (**module**) को निम्न सारणी के column 5 में दिखाया गया है।

Compounds	Clinker	$\triangle$	Raw Mix ignited	Calculated to 100%
SiO_2	21.5	-1.07	20.43	20.90
Al_2O_3	5.2	-0.67	4.53	4.64
Fe_2O_3	3.7	-0.28	3.42	3.50
CaO	67.5	-0.15	67.35	68.91
MgO	1.6	-0.04	1.56	1.60
K_2O Na_2O	0.5	-0.06	0.44	0.45
Total	100	2.27	97.73	100

Hydraulic module = 2.36

Silica ratio = 2.58

Alumina ratio = 1.32

ये मॉड्यूल्स दो और दो से अधिक rawmaterials को मिलाकर rawmixcalculation करने में मदद करते है, और ऊपर दिए गए उदाहरणों में उपयोग किये गए सूत्रों का उपयोग करके raw mix की गणना करने पर प्राप्त raw mix को उपर्युक्त सारणी में दिखाया गया है।

Question:

क्लिंकर की संरचना में कोयले की राख के प्रभाव को मानते हुए (Considering) , दो घटकों, चूना पत्थर (Limestone) और मिट्टी (clay) से युक्त कच्चे मिश्रण की गणना करें?

चूना संतृप्ति कारक (limesaturationfactor) K_{SK} का मान 0.90 है।

तीन कच्चे माल के घटकों की रासायनिक संरचना निम्न तालिका के कॉलम 2, 3 और 4 में दिखाया गया है।

Compounds	Limestone	Clay	Coal ash	71.39% Limestone	24.88% Clay	3.73% Coal ash	Clinker
SiO_2	3.89	70.03	51.32	2.78	17.42	1.91	22.11
Al_2O_3	1.93	17.17	10.19	1.38	4.27	0.38	6.03
Fe_2O_3	0.93	5	16.11	0.66	1.24	0.60	2.51
CaO	91.19	4.25	10.3	65.10	1.06	0.38	66.54
MgO	1.41	3.17	4.15	1.01	0.79	0.15	1.95
SO_3	0.5	-	6.58	0.36	-	0.25	0.60
Rest balance	0.15	0.38	1.35	0.12	0.08	0.02	0.21
Total	100	100	100	71.40	24.86	3.70	100.0
Lime Saturation Factor (KSK)							0.90
Silica Ratio							2.59
Alumina Ratio							2.40

कोयले की खपत (consumption), क्लिंकर के वजन का 35 % है , कोयले में ash content 16.4 % है , और clinker के द्वारा ash absorption 65 % है ,

इसलिए clinker में निहित ash की मात्रा (q) $= \dfrac{35 \times 16.4 \times 65}{100 \times 100} = 3.73\%$

अब a_t, b_t, c_t की गणना a_2, b_2, c_3 के मान को ज्ञात करने के लिए करते है

इसे ज्ञात करने के लिए मन की लाइमस्टोन के x भाग को, clay (ignition free) के y भाग को , ash के q भाग को 100% क्लिंकर के साथ मिलाते है।

इसलिए

$x + y + q = 100$

क्लिंकर में उपस्थित ऑक्साइड की मात्रा को निम्नांकित सूत्र द्वारा ज्ञात किया जा सकता है

$$A = \frac{x\,A_1 + y\,A_2 + q\,A_a}{100}$$

$$C_m = \frac{x\,C_1 + y\,C_2 + qC_a}{100}$$

उपर्युक्त मान को lime saturationfactor के सूत्र में रखने के बाद
$x[[(2.8\,KS_K S_1+1.65A_1+0.35F_1)-C_1)]+ y\,[(2.8\,KS_K S_2+1.65A_2+0.35F_2)-C_2)] = [C_a-[(2.8\,KS_K S_a+1.65A_a+0.35F_a)]q$

माना की
a_1 $= (2.8\,KS_K S_1+1.65A_1+0.35F_1)-C_1)$
b_1 $= (2.8\,KS_K S_2+1.65A_2+0.35F_2)-C_2)$
c_1 $= [C_a-[(2.8\,KS_K S_a+1.65A_a+0.35F_a)]q$

तब इसे निम्न तरह भी लिखा जा सकता है
$a_1x+b_1y = c_1$
अब इसी तरह दूसरे समीकरण के लिए निम्न सूत्र प्राप्त कर सकते है
$a_2x+b_2y = c_2$
उपर्युक्त समीकरणों को हल करने पर
$$x = \frac{c_2b_1-c_1b_2}{a_2b_1-a_1b_2}$$
$$y = \frac{a_2c_1- a_1c_2}{a_2b_1-a_1b_2}$$

अब दिए गए मान से हल करने पर
a_1 $= (2.8\,K_{SK} S_1+1.65A_1+0.35F_1)-C_1)$
            $= (2.8x0.90x3.89+1.65x1.93+0.35x0.93)-91.19)$
            $= -77.878$
b_1 $= (2.8\,KS_K S_2+1.65A_2+0.35F_2)-C_2)$
            $= (2.8x0.90x70.03+1.65x17.17+0.35x5.0)-4.35)$

$$= 202.306$$

$$C_1 = [C_a-[(2.8\ KS_K\ S_a+1.65A_a+0.35F_a)]q$$

$$= [10.30-[(2.8\ x0.90x51.32+1.65x10.19+0.35x16.11)]x\ 3.73$$

$$= -527.709$$

$$a_2 = 1$$

$$b_2 = 1$$

$$C_2 = 100-q \quad = 100-3.73 = 96.27$$

अब दिए गए मान से हल करने पर

$$x = \frac{c_2 b_1 - c_1 b_2}{a_2 b_1 - a_1 b_2} = \frac{96.27x202.306-(-527.509x1)}{1x202.306-(-77.878x1)} = \mathbf{71.39}$$

$$y = \frac{a_2 c_1 - a_1 c_2}{a_2 b_1 - a_1 b_2} = \frac{1x527.509-(-77.878x96.27)}{1x202.306-(-77.878x1)} = \mathbf{24.88}$$

इस तरह

71.39% लाइमस्टोन, 24.88% Clay, 3.73% Coal ash (ignited) मिलकर क्लिंकर का निर्माण करेंगे, जिन्हे तालिका में दिखाया गया है।

गणना में लाइम सैचुरेशन फैक्टर 0.9 आता है, जो की गणना की शुद्धता को दर्शाता है।

प्रायोगिक रूप से रॉ मटेरियल की गणना करने के लिए यह जरूरी है की उपर्युक्त गणना को unignite basis में बदला (convert) जाए, इसे निम्न सूत्र के माध्यम से ज्ञात किया जा सकता है

$$X_0 = \frac{100 \cdot X}{100 - LOI\ of\ Lime\ stone}$$

$$y_0 = \frac{100 \cdot y}{100 - LOI\ of\ Clay}$$

Four Components Design

Calculation with four raw material components

दिए गए **Lime saturation factor** (चूना संतृप्ति कारक), सिलिका अनुपात (**Silica Ratio**) और एल्यूमिना अनुपात (**Alumina Ratio**) के मान लिए निम्नलिखित उदाहरण में चार कच्चे माल के घटकों से युक्त कच्चे मिश्रण की गणना करने के लिए सूत्र दर्शाया गया है।

                                                                          By Kuldeep Singh

माना की raw mix में उपयोग होने वाले चारों अवयवों का अनुपात x :y : z :1 है , इसके बाद lime saturation factor , slilca ratio , alumina ratio के सूत्र में ऑक्साइड के सूत्र को रखने और सरलीकृत करने के बाद निम्न समीकरण प्राप्त होता है।

$$a_1x+b_1y+c_1z=d_1$$
$$a_2x+b_2y+c_2z=d_2$$
$$a_3x+b_3y+c_3z=d_3$$

जहां पर

a_1 $\qquad = (2.8\ KS_K\,S_1+1.65A_1+0.35F_1)-C_1)$

b_1 $\qquad = (2.8\ KS_K\,S_2+1.65A_2+0.35F_2)-C_2)$

c_1 $\qquad = (2.8\ KS_K\,S_3+1.65A_3+0.35F_3)-C_3)$

d_1 $\qquad = C_4- (2.8\ KS_K\,S_4+1.65A_4+0.35F_4)$

a_2 $\qquad = SM(A_1+ F_1) - S_1$

b_2 $\qquad = SM(A_2+ F_2) - S_2$

c_2 $\qquad = SM(A_3+ F_3) - S_3$

d_2 $\qquad = S_4 - SM(A_4+ F_4)$

a_3 $\qquad = TM\ F_1 - A_1$

b_2 $\qquad = TM\ F_2 - A_2$

c_2 $\qquad = TM\ F_3 - A_3$

d_2 $\qquad = A_4 - TM\ F_4$

अब दिए गए मान से हल करने पर

$$x = \frac{d_1(b_2c_3-b_3c_2)-d_2(b_1c_3-b_3c_1)+d_3(b_1c_2-b_2c_1)}{a_1(b_2c_3-b_3c_2)-a_2(b_1c_3-b_3c_1)+a_3(b_1c_2-b_2c_1)}$$

$$y = \frac{a_1(d_2c_3-d_3c_2)-a_2(d_1c_3-d_3c_1)+a_3(d_1c_2-d_2c_1)}{a_1(b_2c_3-b_3c_2)-a_2(b_1c_3-b_3c_1)+a_3(b_1c_2-b_2c_1)}$$

$$z = \frac{a_1(b_2d_3-b_3d_2)-a_2(b_1d_3-b_3d_1)+a_3(b_1d_2-b_2d_1)}{a_1(b_2c_3-b_3c_2)-a_2(b_1c_3-b_3c_1)+a_3(b_1c_2-b_2c_1)}$$

माना की raw mix में उपयोग होने वाले चारों अवयवों का अनुपात x :y : z :1 है , इसके बाद

Question:

Solution:

Chemical Components	Lime stone	Clay	68.59% Limestone	31.41% Clay	Clinker	Potential Composition
SiO_2	2.18	65.75	1.50	20.65	22.15	C_3S: 60.00
Al_2O_3	0.88	17.05	0.60	5.36	5.96	C_2S: 18.14
Fe_2O_3	0.67	6.95	0.46	2.18	2.64	C_3A: 11.67
CaO	95.33	5.55	65.39	1.74	67.13	C_4AF: 8.07
MgO	0.94	1.9	0.64	0.60	1.24	1.24
Not determined	0	2.80	0.00	0.88	0.88	0.88
Total	100.00	100.00	68.59	31.41	100.00	100.00

	C_3S	C_2S	C_3A	C_4AF	MgO	Not Determined	Total
Limestone	363	-267.3	1.26	2.05	0.94	0	100
Clay	-601.62	641.45	34.34	21.13	1.9	2.8	100

Question:

Raw Material	C_3S		Proportion	C_3S	C_2S	C_3A	C_4AF	MgO	Not Determined	Total
Limestone	(A) 363	A-R 303.00	0.6859	248.97	- 183.3	0.89	1.43	0.64	0	68.59
Clay	(B) - 601.62	A-B 964.62	x = (A-R)/(A-B) 0.3141	-189	201.48	10.78	6.64	0.6	0.88	31.41
Required	(R) 60.0		1	60	18.14	11.67	8.07	1.24	0.88	100

Chemical Components	Lime stone	Clay	Sand	73.8% Limestone	16.35% Clay	9.85% Clay	Clinker	Minerals %
SiO_2	3.6	59.2	96.6	2.66	9.68	9.52	21.85	C3S: 50.00
Al_2O_3	3.5	28.1	2.1	2.58	4.59	0.21	7.38	C2S: 25.00
Fe_2O_3	2.7	11.6	1.3	1.99	1.90	0.13	4.02	C3A: 13.00
CaO	90.2	1.1	0	66.57	0.18	0.00	66.75	C4AF: 12.00
Total	100.0	100.0		73.80	16.35	9.85	100.0	100.0

	Limestone %	Clay %	Sand %
C_3S	312	-651	-750
C_2S	-225	661	843
C_3A	5	55	3
C_4AF	8	35	4
Total	100	100	100

Parts limestone = x
Parts clay = y
Parts sand = z
इस समस्या को हल करने के लिए निम्न तीन समीकरणों को उपयोग करते है

$$a_1x+b_1y+c_1z=d_1$$
$$a_2x+b_2y+c_2z=d_2$$
$$a_3x+b_3y+c_3z=d_3$$

हल करने के बाद

$$x = \frac{\begin{matrix} d1\ b1\ c1 \\ d2\ b2\ c2 \\ d3\ b3\ c3 \end{matrix}}{\begin{matrix} a1b1c1 \\ a2b2c2 \\ a3b3c3 \end{matrix}}$$

$$y = \frac{\begin{matrix} a1\ d1\ c1 \\ a2\ d2\ c2 \\ a3\ d3\ c3 \end{matrix}}{\begin{matrix} a1b1c1 \\ a2b2c2 \\ a3b3c3 \end{matrix}}$$

$$z = \frac{\begin{matrix} a1\ b1\ c1 \\ a2\ b2\ c2 \\ a3\ b3\ c3 \end{matrix}}{\begin{matrix} a1b1c1 \\ a2b2c2 \\ a3b3c3 \end{matrix}}$$

जैसा कि सर्वविदित है, समाधान में विकर्ण पर स्थित तीन तत्वों का गुणन शामिल है, जैसा कि योजनाबद्ध रूप से दिखाया गया है।

स्पष्टता के लिए, पहले दो स्तंभों को दाईं ओर दोहराकर बढ़ाया गया है

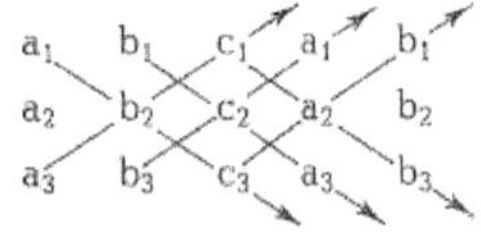

$a_1b_2c_3+b_1c_2a_3+c_1a_2b_3-a_3b_2c_1-b_3c_2a_1-c_3a_2b_1$

$$312x-651y-750z=50$$

$$-225x+661y+843z=25$$

$$x+y+z=1$$

$$x=\frac{\begin{vmatrix}50 & -651 & -750\\ 25 & 651 & 843\\ 1 & 1 & 1\end{vmatrix}}{\begin{vmatrix}312 & -651 & -750\\ -225 & 651 & 843\\ 1 & 1 & 1\end{vmatrix}}=\frac{-64618}{-87552}=0.7380$$

$$y=\frac{\begin{vmatrix}312 & 50 & -750\\ -225 & 25 & 843\\ 1 & 1 & 1\end{vmatrix}}{\begin{vmatrix}312 & -651 & -750\\ -225 & 651 & 843\\ 1 & 1 & 1\end{vmatrix}}=\frac{-14316}{-87552}=0.1635$$

The value for z is being found by difference:

$$x+y+z=1$$
$$0.7380+0.1635+0.0985=1.00$$

X	=	73.80%
Y	=	16.35%
Z	=	9.85%

	Limestone %	Clay %	Sand %	73.80% Limestone	16.35% Clay	9.85% Sand	Clinker
C_3S	312	-651	-750	230.26	-106.44	-73.88	50
C_2S	-225	661	843	-166.05	108.07	83.04	25
C_3A	5	55	3	3.69	8.99	0.30	13
C_4AF	8	35	4	5.90	5.72	0.39	12
Total	100	100	100	73.80	16.35	9.85	100.00

Suppose that instead of 50 % C_3S we insert into the above calculation, values of 25 % C_3S, and 50 % C_2S; we then get the following percentages of raw mate rial components (ignition free):

$$x = 71.46\%$$
$$y = 16.51\%$$
$$z = 12.03\%$$

	Limest one %	Clay %	San d %	73.80% Limeston e	16.35% Clay	9.85% Sand	Clinke r
C_3S	312	-651	-750	222.96	-107.48	-90.23	25
C_2S	-225	661	843	-160.79	109.13	101.41	50
C_3A	5	55	3	3.57	9.08	0.36	13
C_4AF	8	35	4	5.72	5.78	0.48	12
Total	100	100	100	71.46	16.51	12.03	100.00

	SiO_2	Al_2O_3	Fe_2O_3	TiO_2	Mn_2O_3	CaO
Limestone	22.5	5	2.5	0.5	0.3	63

MgO	K_2O	Na_2O	SO_3	Insoluble	LOI	Total
1.8	0.4	0.4	2.6	0.5		0.5

The calculated potential composition is:

$$C_3S = 48.25\%$$
$$C_2S = 28.12\%$$
$$C_3A = 8.18\%$$
$$C_4AF = 7.61\%$$
$$Total = 92.16\%$$

The ratio of $C_3S:C_2S = 1.71:1$

The auxiliary components contribute to the following formation of the minerals

$K = K_2SO_4$ The rest of SO_3 to $CaSO_4$

SO_3 ----- $CaSO_4$

TiO_2 ----- $CaO.TiO_2$

Na_2O ----- $8CaO.Na_2O_3.3Al_2O_3(C_8NA_3)$

Mn_2O_3 ----- $4CaO.Al_2O_3.Mn_2O_3(C_4AMn)$

Freies   CaO free

Considering the mineral formation as quoted above, the potential clinker Composition is:

CaO free	1
K_2SO_4	0.74
$CaSO_4$	3.84
CaO TiO_2	0.86
C_8NA_3	5.27
MgO	1.8
C_4AF	7.61
C_4AMn	0.92
C_3A	3.28
C_3S	37.89
C_2S	36.29
Total	99.5

Learning Outcome 2 –

Student will be able to specify the physical and chemical requirements of raw mix and clinker and their effects

Physical and chemical requirements of raw mix and clinker, hydraulic modulus, silica ratio, alumina ratio, silicic acid ratio, lime saturation factor, standard lime, control of LSF, SR, AR, HM, and their effects, mineral phases of the Portland cement clinker or compound composition of clinkers (C_3S, C_2S, C_3A, C_4AF), characteristics of the compound compositions of clinker.

Physical Requirement of Raw mix and clinker

सीमेंट का निर्माण निम्नांकित ISकोड के अनुसार किया जाता है ।

For OPC 33 grade : IS 269
OPC 43   : IS 8112
OPC 53   : IS 12269
PPC   : IS 1489 (Part 1&2)

Physical Requirement

				IS 8112 : 2013
	Table 3 Physical Requirements for Ordinary Portland Cement (OPC), 43 Grade (Foreword and Clause 6)			
1	Fineness, m^2/kg, Min		225	IS 4031 (Part 2)
			370 for 43-S grade	
2	Soundness: IS 4031 (Part 3)			IS 4031 (Part 3)
	By Le Chatelier method, mm, Max		10	See Note 1
	By autoclave test method, percent, Max		0.8	
3	Setting time:			IS 4031 (Part 5)
	Initial, min, Min		30	See Note 2
			60 for 43-S grade	
	Final, min, Max		600	
4	Compressive strength, MPa (see Note 4):			IS 4031 (Part 6)
	72 ± 1 h,	Min	23	
	168 ± 2 h,	Min	33	
			37.5 for 43-S grade	
	672 ± 4 h,	Min	43	
		Max	58	
5	Transverse strength (optional)		See Notes 3 and 4	IS 4031 (Part 8)

NOTES:

1. In the event of cements failing to comply with any one or both the requirements of soundness specified in this table, further tests in respect of each failure shall be made as described in IS 4031 (Part 3), from another portion of the same sample after aeration. The aeration shall be done by

---

spreading out the sample to a depth of 75 mm at a relative humidity of 50 to 80 percent for a total period of 7 days. The expansion of cements so aerated shall be not more than 5 mm and 0.6 percent when tested by Le Chatelier method and autoclave test respectively. For 43-S grade cement, the requirement of soundness of unaerated cement shall be maximum expansion of 5 mm when tested by the Le Chatelier method.

2 If cement exhibits false set, the ratio of final penetration measured after 5 min of completion of mixing period to the initial penetration measured exactly after 20 s of completion of mixing period, expressed as percent, shall be not less than 50. In the event of cement exhibiting false set, the initial and final setting time of cement when tested by the method described in IS 4031 (Part 5) after breaking the false set, shall conform to the value given in this table.

3 By agreement between the purchaser and the manufacturer, transverse strength test of plastic mortar in accordance with the method described in IS 4031 (Part 8) may be specified. The permissible values of the transverse strength shall be mutually agreed to between the purchaser and the supplier at the time of placing the order.

4 Notwithstanding the compressive and transverse strength requirements specified as per this table, the cement shall show a progressive increase in strength from the strength at 72 h.

Physical requirement of PPC Cement

Physical Requirements:

Table 3 Physical Requirements for Pozzolana Portland Cement (PPC)				
(Foreword and Clause 6)				
1	Fineness, when testing by air permeability method, m^2/kg, Min		Minimum 300 m^2/kg	IS 4031 (Part 2): 1988
			370 for 43-S grade	
2	Soundness: IS 4031 (Part 3)			IS 4031 (Part 3): 1988
	By Le Chatelier method, mm, Max		10	
	By autoclave test method, percent, Max		0.8	
3	Setting time:			IS 4031 (Part 5)
	Initial (Vicat apparatus method), minute, Min		30	
	Final, min, Max		600	
4	Compressive strength, MPa:			IS 4031 (Part 6)
	72 ± 1 h,	Min	16	
	168 ± 2 h,	Min	22	
	672 ± 4 h,	Min	33	
5	Drying shrinkage	Max.	0.15	IS 4031 (Part 10)

<u>Chemical Requirement:</u>

कुछ महत्वपूर्ण formulae जिन्हे विभिन्न सीमेंट प्लांट में Chemical analysis करने के लिए उपयोग किया जाता है

Chemical Requirement			
Portland Pozzolana Cement Shall Comply with the chemical requirements given in table 1,			
Table 1	Chemical requirement of Portland Pozzolana cement		
SL No.	Characteristic	Requirement	Method of test refer to IS
1	Loss of ignition, Percentage by mass, Max	5	4032:1985
2	Magnesia (MgO), Percentage by mass, Max	6	4032:1985
3	Sulphuric anhydride (SO3), Percentage by mass, Max	3	4032:1985
4	Insoluble material, Percentage by mass, Max	$x + \dfrac{4.0(100 - x)}{100}$	4032:1985 Where x is the declaired percentage of fly ash in the given Portland Pozzolana Cement

Chemical Requirements for Ordinary Portland Cement

	IS 8112: 2013	
Table 2: Chemical Requirements for Ordinary Portland Cement (OPC), 43 Grade		
(Foreword and Clause 5.1 & 5.2)		
SL No.	**Charecteristic**	**Requirement**	
1	Ratio of percentage of lime to percentages of silica, alumina and iron oxide, when calculated by the formula $$\frac{CaO - 0.7\,SO_3}{2.8\,SiO_2 + 1.2Al_2O_3 + 0.65Fe_2O_3}$$	0.66-1.02	
2	Ratio of percentage of alumina to that of iro oxide, Min.	0.66	
3	Insoluble residue, percentage by mass, Max.	4	
4	Magnesia, percent by mass, Max.	6	
5	Total sulfer content calculated as sulphuric anhydride (SO_3), percentage by mass, Max	3.5	
6	Loss on Ignition, percentage by mass, Max	5	
7	Chloride content, percentage by mass, Max	0.1	
8	Alkali content	0.05 (for prestressed structures), See Note	
	Note: Alkali aggregate reactions have been noticed in aggregates in some parts of country, on large and important jobs where the concrete is likely to be exposed to humid atmosphere or wetting action, it is advisable that the aggregate be tested for alkali aggregate reaction, in case of reactive aggregates, the use of cement with alkali contents below 0.6 percent expressed as sodium oxide (Na_2O), is recommended, where , however such cement are not available, use of alternative means may be resorted to for which a reference may be made to 8.2.5.4 of IS-456, if so desired by purchaser, the manufacturer shall carry out test for alkali content.		

Hydraulic Module (H.M.)

$$H.M. = \frac{CaO}{SiO_2 + Fe_2O_3 + Al_2O_3}$$

- सामान्तया Hydraulic Module की Range 1.7 से 2.3 तक होती है, H.M. का उपयोग mixture में optimum "lime content" के Calculation के लिए किया जाता है
- यदि सीमेंट में Hydraulic module की मात्रा 1.7 से कम है तो उसकी strength भी कम होगी , यदि हाइड्रोलिक मोड्यूल की मात्रा 2.4 हो तो उसके Volume आयतन की स्थिरता कम हो जाती है

Hydraulic module का Value बढ़ातें हैं तो

- क्लिंकर को जलाने के लिए अधिक तापमान की आवश्यकता होती है
- Hydration के लिए अधिक तापमान की जरूरत होती है।
- Chemical attack की प्रतिरोधन क्षमता (Resistance power) कम होती है
- प्रारंभिक strength को बढ़ाता है

2. *Silica Module:*

Clinker बनने के मिश्रण में SiO_2 का Al_2O_3 और Fe_2O_3 के मिश्रण के अनुपात को ही Silica acid ratio कहा जाता है

$$Silica\ Module\ (S.M.) = \frac{SiO_2}{Fe_2O_3 + Al_2O_3}$$

Acceptable SM Ratio is – 2.4 to 2.6

- क्लिंकर में सिलिका मॉड्यूल के परिवर्तन के कारन Kiln में Ring formation होता है।
- क्लिंकर में सिलिका अनुपात अधिक होने पर जलने में अधिक कठिनाई होती है और यहाँ poor coating के गुण दिखाई देते हैं।
- सिलिका अनुपात अधिक होने के कारण सीमेंट की low setting या धीरे धीरे setting एवं धीरे धीरे harding भी होती है।
- सिलिका रेटियो के कमी के सात liquid phase के contents में वृद्धि से kiln में कोटिंग formation और क्लिंकर की burnability बढ़ती है।

SM अधिक होने का निम्न प्रभाव पड़ता है।
- जलने में कठिनाई होती है और अधिक ईंधन की खपत होती है।
- Unsound सीमेंट के उत्पादन को बढ़ाता है।
- Coating formation में कठिनाई आती है, जिसके कारण kiln lining की life घट जाती है।
- सीमेंट की सेटिंग और कठोरता धीरे धीरे होती है।

SM कम होने का निम्न प्रभाव पड़ता है
- Silica ratio के कमी के कारणliquid phase के contents में वृद्धि से kiln में coating formation और क्लिंकर की burnability बढ़ती है

3. **_Alumina Ratio:_**

- एल्युमीनियम ऑक्साइड और फेरस ऑक्साइड के अनुपात को ही alumina ratio (AR)कहतें हैं।
- क्लिंकर में एल्युमिनेट (C_3A) और एल्युमिनोफेराइट (C_4AF) के अनुपात को एल्यूमिना अनुपात या alumina ratio के माध्यम से नियंत्रित किया जाता है।

$$Alumina\ Ratio\ (AR)\ =\ \frac{Al_2O_3}{Fe_2O_3}$$

- क्लिंकर मेंAlumina ratio में वृद्धि का मतलब है कि क्लिंकर में आनुपातिक रूप से अधिक एल्यूमिनेट और कम फेराइट होगा। सामान्य पोर्टलैंड सीमेंट क्लिंकर में, **AR** आमतौर पर 1 से 4 के बीच होता है।
- क्लिंकर में अधिक एलुमिना रेश्यो होनें पर प्रारंभिक मजबूती या Early strength अधिक होती है
- Clinkerisationstage में ये दोनों ऑक्साइड प्रायः द्रव रूप (Liquidform) में पाए जातें है
- यदि एलुमिना रेटियो 2.5 से अधिक होता है तो उसे highaluminacement कहतें है
- यदि एलुमिना रेटीओ 1.5 से कम होता है तो उसे LowAluminaCement कहतें हैं, इसे TerroCement भी कहतें हैं
- Alumina modulus कम से कम 0.64 प्रतिशत होना चाहिए ताकि यह सुनिश्चित हो जाए की एल्युमिनोफेराइट, C_4AF में Fe_2O_3 के साथ संयोजन या अभिक्रिया करने के लिए पर्याप्त Al_2O_3 मौजूद है।
- 0.64 से ऊपर Alumina module का होना यह बताता है की क्लिंकर में कुछ C_3A की मात्रा मौजूद है।

4. **_Silica Acid ratio (Silicic acid ratio):_**
Clinker बनने के तापमान पर Solidmaterial का liquidmaterial के अनुपात को ही सिलिका Ratio कहतें हैं

$$Silica\ Acid\ Ratio\ (SAR)\ =\ \frac{SiO_2}{Al_2O_3}$$

                                                    By Kuldeep Singh

Acceptable SAR Ratio is – 2.5 to 3.5

5. *Lime Saturation Factor:*

Raw Material में उपस्थित सभी ऑक्साइड से अभिक्रिया करने के लिए आवश्यक CaO और सभी ऑक्साइड के अनुपात को ही LSF कहतें हैं।

लाइमस्टोन फैक्टर को निम्नांकित सूत्र से ज्ञात करते हैं

When Alumina ratio (A.R.) ≤ 0.64

$$Lime\ stone\ factor\ (LSF)\ =\ \frac{CaO}{2.8\ SiO_2 + 0.7\ Fe_2O_3 + 1.2\ Al_2O_3}$$

When Alumina ratio (A.R.) ≥ 0.64

$$Lime\ stone\ factor\ (LSF)\ =\ \frac{CaO}{2.8\ SiO_2 + 0.35\ Fe_2O_3 + 1.65\ Al_2O_3}$$

- इस Factor का उपयोग Kilnfeed को कन्ट्रोल करने के लिए किया जाता है
- क्लिंकर में limeSaturation को पूर्ण होना चाहिए

क्लिंकर में आवश्यक है की

- सिलिका SiO_2 को C_3S तथा Fe_2O_3 के साथ मिल (Combine) जाना चाहिए या अभिक्रिया कर लेना चाहिए।
- आवश्यक एलुमिना की मात्रा C_4AF और बची हुई एलुमिना को C3A के साथ मिल (Combine) जाना चाहिए या अभिक्रिया कर लेना चाहिए।
- जब L.S.F. > 1 हो तो क्लिंकर कठिनता से जलता है और अक्सर Freelimecontents में वृद्धि होती है।
- जब L.S.F. – 0.97 या इससे अधिक होता है तो Free lime contents हमेशा बढ़ता ही रहता है भले ही kiln operation में फ्यूल की मात्रा कितनी भी बढ़ाई जाए ।

LSF अधिक होने का निम्न प्रभाव पड़ता है।
- जलने में कठिनाई होती है और अधिक ईंधन की खपत करता है।
- Unsound सीमेंट के उत्पादन को बढ़ाता है।
- C_3S मात्रा को बढ़ाता है और C_2S की मात्रा को घटाता है।
- सेटिंग धीरे धीरे होती है और मजबूती बढ़ती है।
- क्लिंकर की grindability factor को सुधारता है, या कह सकतें है की क्लिंकर की grinding आसानी से होती है।

LSF कम होने का निम्न प्रभाव पड़ता है
- lime content कम हो जाता है और मजबूती (strength) भी कम हो जाती है।

---

6. **_Standard lime:_**
% free lime = 0.31(LSF-100)+2.18(SM-1.8) + 0.73Q + 0.33C + 0.34A

    LSF: Lime saturation factor
    SM: Silica module
    Q: +45 μ residue after acid wash (20% HCL) identified by microscopy as quartz
    C: +125 μ residue which is soluble in acid (ie coarse LS)
    A: +45 μ residue after acid wash identified by microscopy as non-quartz acid insoluble

Note: Q, C & A expressed as % of total raw mix sample

7. **_High Alumina ratio with Low Silica Ratio:_**
ज्यादा एलुमिना होने पर Burningzone में सिलका और लाइमस्टोन बीच होने वाली क्रिया कठिन हो जाती है।

Liquid formation (at 1250-1400°C):

L.F=1.13 C_3A+1.35C_4AF+MgO+Alkalies
It's range is 27-30%
If it's percentage is high then its burning of clinker is easier.

Burn ability index

C_3S का C_4AF एवं C_3A के मिश्रण के अनुपात को बर्नाबिलिटी इंडेक्स कहते हैं बर्नाबिलिटी इंडेक्स क्लिंकर के पकने या जलने का संकेत है, यदि इंडेक्स नंबर कम है तो क्लिंकर सरलता से जलेगा, बर्नाबिलिटी इंडेक्स जितना अधिक होगा क्लिंकर को जलाना या पकाना उतना ही कठिन होगा, सामान्यतया बार्नबिलिटी फैक्टर 2.2 से 2.4 के बीच में होता है ।
इसे निम्न सूत्र से ज्ञात करते हैं.

$$Burnability\ Index\ (B.I.) = \frac{C_3S}{C_4AF + C_3A}$$

Burn ability factor

- यह क्लिंकर के बर्निंग को सूचित करता हैं यदि Factor ज्यादा है तो क्लिंकर कठिनता से जलेगा, यदि Factor कम है तो क्लिंकर सरलता से जलेगा ।
- BF (Burnability factor) = 10 L.S.F. – 3SR - (MgO+Alkalies)
                Or
- BF= 10 L.S.F.+ 6 (SR-2) – (MgO+Alkalies)

इसकी सीमा सामान्यत: 100 से 110 के बीच में होती है ।

Chemical Composition of clinker

The cement clinker formed has the following typical composition:

Compound	Formula	Shorthand form	% by weight
Alite or tricalcium silicate	Ca_3SiO_4	C_3S	55
Belite or dicalcium silicate	Ca_2SiO_5	C_2S	20
Tricalcium aluminate	$Ca_3Al_2O_6$	C_3A	10
Tetracalcium aluminoferrite	$Ca_4Al_2Fe_2O_{10}$	C_4AF	8
Gypsum	$CaSO_4.2H_2O$	$C\underline{S}H_2$	5
Sodium oxide	Na_2O	N	Up to 2
Potassium oxide	K_2O	K	

Note: Above shown weights are representative only, Actual weight varies with type of cement.

C_3S:

इसकी जल के साथ अभिक्रिया महत्वपूर्ण है, क्यों की अभिक्रिया के उत्पाद का प्रारम्भिक strength और सीमेंट के hardness को काफी प्रभावित करता है।

इसके अवयवी पदार्थ जल के साथ जल्दी संयोग करते हैं, तथा कुछ ही घंटों मे शैलीकृत या कठोर हो जाते हैं, इस प्रकार निर्मित calciumsilicate hydrates केमाध्यमसे जोड़े जाते हैं, जो इन्हे बांधे रखते हैं, पहले 14 दिनों मे सीमेंट की strength C_3S के कारण बढ़ती है।

- यह पहले अधिक (early strength) स्ट्रेन्थ प्रदान करने वाला पदार्थ है।
- इसका शीघ्रता पूर्ण जलयोजन होता है,जिससे अधिक ऊष्मा निकलती है।

C_2S:

Di-calcium silicate पानी के साथ अभिक्रिया करके hydrated water बनाता है, परंतु क्रिया बहुत धीरे गति से सम्पन्न होती है, जिससे strength में निरंतर वृद्धि तथा कठोरता बढ़ती है।

$2CaO.SiO_2$ (add x times H_2O)$\rightarrow CaO.SiO_2 + xH_2O$

C_2S के कारण ज्यों ज्यों cement दोगुना होता है, यह अधिक मजबूत होता है, जो की सीमेंट को पूरी तरह से स्ट्रेन्थ प्रदान करता है।

- C_2S और C_3S की (मजबूत) संयुक्त मात्रा किसी भी सीमेंट में 70-72% तक होती है।
- इसके कारण सीमेंट, अधिक स्थायी, स्ट्रेन्थ और रासायनिक आक्रमण प्रति प्रतिरोधक क्षमता उत्पन्न करता है।
- C_3S की मात्रा बढ़ाने और C_2S की मात्रा घटाने पर जल्दी स्ट्रेन्थ प्राप्त करने वाला सीमेंट प्राप्त होता है, लेकिन इससे अधिक ऊष्मा उत्पन्न होती है।
- C_3S की मात्रा कम करने और C_2S की मात्रा बढ़ाने पर सीमेंट की स्ट्रेन्थ देर से प्राप्त होती है, लेकिन ऊष्मा बहुत कम उत्पन्न होती है।

C_3A:

यह अतिशीघ्रता से जलयोजित (hydrated) होता है, तथा इसके द्वारा शुरुआत में ही बहुत अधिक मात्रा में ऊष्मा (880 kj/kg) उत्सर्जित / उत्पन्न होती है ।

C_3A के कारण सीमेंट बहुत जल्दी ही सेट हो जाता है, अर्थात ये सीमेंट के सेटिंग टाइम को घटाता है, फिर इसे नियंत्रित करने के लिए जिप्सम मिलाया जाता है,

C_3A शीघ्र जमने वाले पदार्थ होने के कारण सीमेंट मे उपस्थित जिप्सम C_3A से क्रिया करके Settingtime कम या धीरे कर देता है, क्यों की जिप्सम C_3A से क्रिया करके Calciumsulphoaluminate बनाता है, जो की त्वरित जलयोजन की प्रकृति को नहीं दर्शाता है।

- इसका मुख्य कार्य सीमेंट को हार्ड तथा जल्दी Setting होने देना है।
- यह सीमेंट को Strength प्रदान करने में इसका बहुत कम योगदान होता है।
- इसकी मात्रा जितनी कम होती है, सीमेंट उतनी ही ज्यादा केमिकल या रसायनों के प्रति सहनशील होती है।

C_4AF :

यह एक fluxing agent की तरह काम करता है, जो की रॉ मटेरियल के गलनांक (Meltingpoint) को कम (1649 ^{O}C से घटाकर 1430°C) कर देता है ।

- यह बहुत ही धीरे गति से जलयोजित होकर $3CaO.Al_2O_3.6H_2O$ and gel $(CaO.Fe_2O_3.H_2O)$ देता है।
- C_4AF एक ऐसा पदार्थ है जिसका सीमेंट के मजबूती में बहुत मामूली या न के बराबर योगदान रहता है,
- C_4AF की मात्रा जितनी कम होती है, वह सीमेंट रसायनों के प्रति उतना ही अधिक सहनशील होता है , अर्थतकम मात्रा होने पर chemicalattack को झेलने या सहनें की क्षमता बढ़ जाती है ।

इस प्रकार hydrate तथा hydration की प्रक्रियाएं जिसे रसायनिक समीकरण द्वारा ऊपर अभिव्यक्त किया जाता है, सीमेंट तथा जल के पेस्ट में Gel तथा क्रिस्टल का निर्माण होता है, जिससे यह आपस में तथा संयोजित करने वाले टुकड़ों को संयोजित कर लेते हैं, तथा सीमेंट को setting और hardening का गुण प्रदान करती है।

Learning Outcome 3
Theory Exam

Student will be able to Solve the given problems on cement modules and compound compositions of clinker

Bogue's formula, calculation of raw mix compositions (CaO, Al_2O_3, Fe_2O_3, SiO_2), calculation of compound compositions of clinker (C_3S, C_2S, C_3A, C_4AF) and cement modules (LSF, SR, AR, HM, etc).

Bogue's formula for cement constituents

a.   If alumina modulus > 0.64

$C_3S = 4.071\ CaO - (7.602\ SiO_2 + 6.718\ Al_2O_3 + 1.43\ Fe_2O_3 + 2.852\ SO_3)$

$C_2S = 2.867\ SiO_2 - 0.7544\ C_3S$

$C_3A = 2.65\ Al_2O_3 + 1.692\ Fe_2O_3$

$C_3AF = 3.043\ Fe_2O_3$

b.   If alumina modulus < 0.64

$C_3S = 4.071\ CaO - (7.602\ SiO_2 + 4.479\ Al_2O_3 + 2.859\ Fe_2O_3 + 2.852\ SO_3)$

$C_2S = 2.867\ SiO_2 - 0.7544\ C_3S$

$C_3A = 0$

$(C_3AF + C_2F) = 2.1\ Al_2O_3 + 1.702\ Fe_2O_3$

Typical value

$C_3S = 45\text{-}55\%$

$C_2S = 20\text{-}30\%$

Question:

रॉ मिक्स में निम्नांकित अवयव हैं।

CaO	=	64.1%
Al_2O_3	=	4.5%
SiO_2	=	22.9%
Fe_2O_3	=	3.1%

Calculate LSF, SM, AR, C_3S, C_3A, C_4AF

Solution:

जैसा की हम जानते है कि

$$Lime\ stone\ factor\ (LSF) = \frac{CaO}{2.8\ SiO_2 + 0.35\ Fe_2O_3 + 1.1\ Al_2O_3}$$

$$= \frac{64.1}{2.8\ X22.9 + 0.35\ X3.1 + 1.1\ X4.5}$$

$$= \frac{64.1}{70.155}$$
$$= 0.931$$

$$Silica\ Module\ (S.M.) = \frac{SiO_2}{Fe_2O_3 + Al_2O_3}$$
$$= \frac{22.9}{4.5 + 3.1}$$
$$= 3.013$$

$$Alumina\ Ratio\ (AR) = \frac{Al_2O_3}{Fe_2O_3}$$
$$= \frac{4.5}{3.1}$$
$$= 1.45$$

$C_3S = 4.07 \times CaO - (7.6 \times SiO_2 + 6.718 \times Al_2O_3 + 1.693 \times Fe_2O_3 + 2.85 \times SO_3$
$\quad = 4.07 \times 64.1 - (7.6 \times 22.9 + 6.718 \times 4.5 + 1.693 \times 3.5 + 2.85 \times 0$
$\quad = 51.368$

$C_2S = 2.872 \times SiO_2 - 0.754 \times C_3S$
$\quad = 2.872 \times 22.9 - 0.754 \times 51.368$
$\quad = 27.037$

$C_3A = 2.65 \times Al_2O_3 - 1.69 \times Fe_2O_3$
$\quad = 2.872 \times 4.5 - 0.754 \times 3.1$
$\quad = 6.686$

$C_4AF = 3.043 \times Fe_2O_3$
$\quad = 3.043 \times 3.1$
$\quad = 9.406$

Question:

रॉ मिक्स में निम्नांकित अवयव हैं।

CaO	(C)	=	63.5%
Al$_2$O$_3$	(A)	=	5.8%
SiO$_2$	(S)	=	20.5%
Fe$_2$O$_3$	(F)	=	3.6%

Calculate LSF, SM, AR, C$_3$S, C$_3$A, C$_4$AF

Solution:

C_3S = 4.07 X CaO - (7.6 x SiO_2 + 6.718 x Al_2O_3+1.693 x Fe_2O_3+ 2.85 x SO_3
    = 4.07 X 63.5 - (7.6 x 20.5 + 6.718 x 5.8+1.693 x 3.6+ 2.85 x 0
    = 258.44 – 199.91
    = 58.53

C_2S = 2.872 x SiO_2 – 0.754 x C_3S
    = 2.872 x 20.5 – 0.754 x 58.53
    = 14.74

C_3A = 2.65 x Al_2O_3 – 1.69 x Fe_2O_3
    = 2.872 x 5.8 – 0.754 x 3.6
    = 9.286

C_4AF = 3.043 x Fe_2O_3
    = 3.043 x 3.6
    = 10.92

$$Lime\ Stone\ Factor\ (LSF) = \frac{CaO}{2.8\ SiO_2 + 0.35\ Fe_2O_3 + 1.1\ Al_2O_3}$$

$$= \frac{63.5}{2.8\ X\ 20.5 + 0.35\ X\ 3.6 + 1.1\ X\ 5.8}$$

$$= \frac{63.5}{65.04}$$

$$= 0.97$$

$$Silica\ Module\ (S.M.) = \frac{SiO_2}{Fe_2O_3 + Al_2O_3}$$

$$Silica\ Module\ (S.M.) = \frac{20.05}{5.8 + 3.6}$$

$$Silica\ Module\ (S.M.) = 2.18$$

$$Alumina\ Ratio\ (AR) = \frac{Al_2O_3}{Fe_2O_3}$$

$$Alumina\ Ratio\ (AR) = \frac{5.8}{3.6}$$

$$Alumina\ Ratio\ (AR) = 1.61$$

Question:

75% $CaCO_3$ में CaO के प्रतिशत की मात्रा ज्ञात कीजिये ?

CaO	(C)	=	63.5%
Al_2O_3	(A)	=	5.8%
SiO_2	(S)	=	20.5%
Fe_2O_3	(F)	=	3.6%

Solution:

$$CaCO_3 \rightarrow CaO + CO_2$$
$$100 \quad\quad 56 \quad\quad 44$$

अर्थात 100 भाग $CaCO_3$ में 56 भाग CaO बनता है।

तो 1 भाग $CaCO_3$ में $56/100$ भाग CaO होगा ।

75% भाग $CaCO_3$ में $\frac{56}{100}$x 75% CaO होगा।

75% भाग $CaCO_3$ में 42% CaO होगा।

Question:

यदि जिप्सम की शुद्धता 70 प्रतिशत हो और SO_3 1.5 प्रतिशत हो तो जिप्सम की खपत क्या होगी

Solution:

$$CaSO_4.2H_2O \xrightarrow{2H_2O} CaO + SO_3$$
$$172 \quad\quad\quad\quad\quad 56 \quad\quad 80$$

अर्थात 80 ग्राम SO_3 रहता है तो 172 ग्राम जिप्सम रहता है।

तो 1 ग्राम SO_3 होगा तो $\frac{172}{80}$ ग्राम $(2.15$ ग्राम$)$ जिप्सम रहेगा ।

या 1 प्रतिशत SO_3 होगा तो 2.15 प्रतिशत जिप्सम रहेगा।

तो 1.5 प्रतिशत SO_3 होगा तो 2.15 x 1.5% प्रतिशत जिप्सम रहेगा।

तो 1.5 प्रतिशत SO_3 होगा तो 3.225% प्रतिशत जिप्सम रहेगा।

अब क्योकि शुद्धता केवल 70 प्रतिशत है तो जिप्सम की मात्रा $= \frac{3.225 \%}{0.7}$
$$= 4.6\%$$

Question:

नीचे दिए गए रॉ मिक्स की उपयुक्तता ज्ञात कीजिए ?

LOI		=	35.8%
CaO	(C)	=	43%
Al_2O_3	(A)	=	3%
SiO_2	(S)	=	12%
Fe_2O_3	(F)	=	2.5%
MgO		=	2%
Total Alkalis		=	1%

Solution:

$$SM = \frac{12}{3+2.5} = 2.18$$

$$AM = \frac{3}{2.5} = 1.2$$

$$Lime\ stone\ factor\ (LSF) = \frac{CaO}{2.8\ SiO_2 + 0.35\ Fe_2O_3 + 1.1\ Al_2O_3}$$

$$= \frac{43}{2.8\ X\ 12 + 0.35\ X\ 2.5 + 1.1\ X\ 3}$$

$$= \frac{43}{37.775}$$
$$= 1.13$$

C_3S = 4.07 X CaO - (7.65 x SiO_2 + 6.718 x Al_2O_3+1.43 x Fe_2O_3+ 2.85 x SO_3
= 4.07 X 43 - (7.65 x 12 + 6.718 x 3+1.43 x 2.5+ 2.85 x 0
= 175.01 – 115.47
= 59.54

C_3A = 2.65 x Al_2O_3 – 1.69 x Fe_2O_3
= 2.65x 3 – 1.69 x 2.5
= 3.725

C_4AF = 3.043 x Fe_2O_3
= 3.043 x 2.5
= 7.58

Liquid Formation =1.13 x C_3S+1.35 x C_4AF+MgO+Alkalis
=1.13 x 3.725+1.35x 7.58+2+1 = 17.47

$$Burnability\ index\ (BI) = \frac{C_3S}{C_4AF + C_3A}$$

$$= \frac{59.54}{7.58 + 3.725}$$
$$= 5.26$$

Burnability Factor   = 10 x LSF – 35xM – (MgO+ Alkalis)
= 11.3-6.54-3
= 1.76

The range should be as following

Raw Meal	Ideal Range
L.S.F	1.02 - 1.05
S.M.	2.2. - 2.6
A.M.	1.1 - 1.6
% Of Liquid	27-29
B.I.	2.2 - 2.4
B.F.	100 - 110

Questions:

नीचे दिए गए रॉ मिक्स में क्लिंकर के अवयव (Composition) ज्ञात कीजिये ?

LOI   =   36.5%

CaO (C)   =   43%

Al_2O_3 (A)   =   3%

SiO_2 (S)   =   12%

Fe_2O_3 (F)   =   2.5%

MgO =   2.5%

Coal consumption = 20%

Ash = 35%

Constituents	Raw Mix	Coal Ash	Loss Free basis
LOI	36.50%	-	
SiO_2 (S)	12%	65	12/0.635 = 18.8
Al_2O_3 (A)	3%	20	3/0.635 = 4.72
Fe_2O_3 (F)	2.50%	9	2.5/0.635 = 3.93
CaO (C)	43%	3	43/0.635 = 67.7
MgO	2.50%	-	2.5/0.635 = 3.93

LOI = 36.5%

ठोस पदार्थ की मात्रा (Solid mass Present) = 100-36.5 = 63.5 ग्राम

Coal consumption = 20% = 0.20 g

Ash = 35% = 0.35 g

Ash absorption = 0.20 g x0. 35 g = 0.07 g

क्लिंकर के अवयव (Composition)

S	$= 18.8 \times 0.93 + 65 \times 0.07 = 22$
A	$= 4.72 \times 0.93 + 20 \times 0.07 = 5.8$
F	$= 3.93 \times 0.93 + 9 \times 0.07 = 4.2$
C	$= 67.7 \times 0.93 + 3 \times 0.07 = 63$
M	$= 3.93 \times 0.93 + 0 = 3.6$

For Clinker

$$Limestone factor \ (LSF) \ = \ \frac{CaO}{2.8 \ SiO_2 + 0.35 \ Fe_2O_3 + 1.1 \ Al_2O_3}$$

$$= \frac{63}{2.8 \times 22 + 0.35 \times 4.3 + 1.1 \times 5.8}$$

$$= \frac{63}{69.45}$$

$$= 0.90$$

$$Silica \ Module \ (S.M.) \ = \ \frac{SiO_2}{Fe_2O_3 + Al_2O_3}$$

$$Silica \ Module \ (S.M.) \ = \ \frac{22}{5.8 + 4.2}$$

$$Silica \ Module \ (S.M.) \ = \ 2.2$$

$$Alumina \ Ratio \ (AR) \ = \ \frac{Al_2O_3}{Fe_2O_3}$$

$$Alumina \ Ratio \ (AR) \ = \ \frac{5.8}{4.2}$$

$$Alumina \ Ratio \ (AR) \ = \ 1.38$$

Questions:

नीचे दिए गए रॉ मिक्स में क्लिंकर के अवयव (Composition) ज्ञात कीजिये ?

LOI		=	36%
SiO_2	(S)	=	11%
Al_2O_3	(A)	=	3%
Fe_2O_3	(F)	=	2%
CaO	(C)	=	44%
MgO		=	2%
Coal Consumption		=	15%
Ash		=	25%

Solution:

Constituents	Raw Mix	Coal Ash	Loss Free basis
LOI	36.00%	-	
SiO_2 (S)	11%	70	11/0.64 = 17.1
Al_2O_3 (A)	3%	15	3/0.64=4.6
Fe_2O_3 (F)	2.00%	10	2/0.64=3.1
CaO (C)	44%	2	44/0.64= 68.1
MgO	2.00%	-	2/0.64=3.1

LOI = 36%

ठोस पदार्थ की मात्रा (Solid mass Present) = 100-36 = 64 ग्राम

As given

Coal consumption = 15% = 0.20 g

Ash = 25% = 0.25 g

Ash absorption = 0.15 g x0. 25 g = 0.0375 g

क्लिंकर के अवयव (Composition)

$$
\begin{aligned}
S &= 17.1 \times 0.9625 + 70 \times 0.035 = 19.08 \\
A &= 4.6 \times 0.9625 + 15 \times 0.035 = 5 \\
F &= 3.1 \times 0.9625 + 10 \times 0.035 = 3.35 \\
C &= 68 \times 0.9625 + 2 \times 0.035 = 66.19 \\
M &= 3.1 \times 0.9625 + 0 = 9.98
\end{aligned}
$$

For Raw Mix

$$
\begin{aligned}
C_3S &= 4.07 \times CaO - (7.65 \times SiO_2 + 6.718 \times Al_2O_3 + 1.43 \times Fe_2O_3 + 2.85 \times SO_3 \\
&= 4.07 \times 44 - (7.65 \times 11 + 6.718 \times 3 + 1.43 \times 2 + 2.85 \times 0) \\
&= 179.08 - 106.56 \\
&= 72.52
\end{aligned}
$$

$$
\begin{aligned}
C_2S &= 2.872 \times SiO_2 - 0.754 \times C_3S \\
&= 2.872 \times 11 - 0.754 \times 72.52 \\
&= -23.09
\end{aligned}
$$

$$
\begin{aligned}
C_3A &= 2.65 \times Al_2O_3 - 1.69 \times Fe_2O_3 \\
&= 2.65 \times 3 - 1.69 \times 2 \\
&= 4.57
\end{aligned}
$$

$C_4AF \quad = 3.043 \ x \ Fe_2O_3$
$\qquad\qquad = 3.043 \ x \ 2$
$\qquad\qquad = 6.06$

<u>For Clinker</u>

$C_3S \quad = 4.07 \ X \ CaO - (7.65 \ x \ SiO_2 + 6.718 \ x \ Al_2O_3 + 1.43 \ x \ Fe_2O_3 + 2.85 \ x \ SO_3$
$\qquad\quad = 4.07 \ X \ 66.19 - (7.65 \ x \ 19.08 + 6.718 \ x \ 5 + 1.43 \ x \ 3.35 + 2.85 \ x \ 0)$
$\qquad\quad = 269.434 - 183.298$
$\qquad\quad = 86.13$

$C_2S \quad = 2.872 \ x \ SiO_2 - 0.754 \ x \ C_3S$
$\qquad\quad = 2.872 \ x \ 19.08 - 0.754 \ x \ 86.13$
$\qquad\quad = 54.79 - 64.92$
$\qquad\quad = -10.15$

$C_3A \quad = 2.65 \ x \ Al_2O_3 - 1.69 \ x \ Fe_2O_3$
$\qquad\quad = 2.65x \ 5 - 1.69 \ x \ 3.35$
$\qquad\quad = 7.59$

$C_4AF \quad = 3.043 \ x \ Fe_2O_3$
$\qquad\qquad = 3.043 \ x \ 3.35$
$\qquad\qquad = 10.19$

<u>*Questions:*</u>

1 किलोग्राम क्लिंकर बनाने के लिए लगने वाले लाइमस्टोन की मात्रा ज्ञात कीजिये ?

$\qquad$ $CaCO_3$ $\qquad = \qquad 76\%$
$\qquad$ Clay $\qquad\qquad = \qquad 24\%$

24 प्रतिशत मिटटी में 7 % जलयोजन का पानी (Water of hydration) है।

<u>*Solution:*</u>

$\qquad\quad CaCO_3 \qquad\qquad \rightarrow \qquad CaO \quad + \quad CO_2$
$\qquad\qquad 100 \qquad\qquad\qquad\qquad\quad 56 \qquad\qquad 42$

100 ग्राम $CaCO3$ में से 56 ग्राम CaO प्राप्त होता है

100 ग्राम वाले 76 % शुद्धता के $CaCO3$ में से प्राप्त होने वाला $CaO = \dfrac{56 \ X \ 76}{100} = 42.56$ ग्राम

अब 100 ग्राम clay या मिटटी में से बचा हुआ कठोर (Solid) पदार्थ
$\qquad\qquad = (100-7) \ \% \ x \ 100 = 93$ ग्राम

100 ग्राम वाले 24% शुद्धता के clay में से प्राप्त होने वाला (Solid) पदार्थ
$\qquad\qquad = \dfrac{93 \ X \ 24}{100} = 22.32$ ग्राम

इस तरह कुल क्लिंकर $= 42.56$ ग्राम $+ 22.32$ ग्राम

$$= 64.88 \text{ ग्राम}$$
$$= 0.6488 \text{ Kg}$$

क्योंकि 0.6488 kg क्लिंकर बनाने के लिए जरूरी लाइमस्टोन $= 1 \text{ kg}$

इसलिए 0.6488 kg क्लिंकर बनाने के लिए जरूरी लाइमस्टोन $= \dfrac{1}{0.6488} \text{ kg}$

$$= 1.46 \text{ kg}$$

<u>Chapter:03</u>

<u>Learning Outcome: 1</u>

Student will be able to draw an overall block diagram of cement manufacturing process and explain the process with setting and hardening of cement.

Different methods of cement manufacturing, dry process, wet process, semi dry process, their advantages and disadvantages, block diagram of dry process and wet process, Setting and hardening of cement, reactions during setting and hardening, sequence of changes during setting and hardening of cement (block diagram), function of gypsum, and hydration reaction of gypsum. Setting and hardening of blended Portland cements.

<u>Different methods of cement manufacturing, Dry process, wet process, semi dry process, their advantages and disadvantages,</u>

सीमेंट एक प्रकार का चूर्ण (Powdery) पदार्थ है जिस की पानी में मिलाने पर यह घोल के रूप में बदल जाएगा और घोल धीरे–धीरे हवा में सख्त हो होकर दानेदार या रेशेदार सामग्री जैसे रेत और पत्थर को मजबूती से चिपका देता है। यह हमारे जीवन के सभी पहलुओं में व्यापक रूप से उपयोग किया जाता है, जैसे कि मेट्रो निर्माण, पुल निर्माण और आवासीय भवन निर्माण आदि, यह जीवन का एक महत्वपूर्ण हिस्सा है।

<u>Dry process</u>

सीमेंट निर्माण की शुष्क प्रक्रिया (Dry process) में विभिन्न आकार के कच्चे माल के कणों को तोडा (crushing) जाता है और फिर इन्हे सही अनुपात में मिलाकर महीन पाउडर में पीस (grinding) दिया जाता है, इसके बाद उन्हें कैल्सिनेशन (Calcination) के लिए Dry process kiln में भेजा जाता है, और क्लिंकर बनाया जाता है , इस विधि को dryprocess कहा जाता है, क्योंकि इसमें पानी का उपयोग नहीं होता है, आजकल, प्रीहीटर (preheater) और प्रीकैल्सिनर (Precalciner) के साथ उत्पादन लाइन को new dry process line कहते हैं। संक्षिप्त रूप से इसमें निम्नांकित प्रक्रियाएँ (Processes) उपयोग की जाती हैं।

1. <u>Mining:</u>

    सर्वप्रथम ब्लास्टिंग करने के बाद प्राप्त बड़े बड़े पत्थरों को जमीन के अंदर से निकाला जाता है, इसे ही mining कहते हैं।

2. <u>Crushing:</u>

    जमीन से निकाले गए पत्थरों को crusher मशीन द्वारा छोटे छोटे पत्थरों में तोडा जाता है , इसे ही crushing कहते हैं।

3. <u>Grinding:</u>

    Crushing करने के बाद मटेरियल (जिसकी साइज लगभग 25 mm होती है) को grinding करके महीन पाउडर में बदल लिया जाता है , सीमेंट प्लांट में grinding करने के लिए ख्य रूप से निम्न मशीनों का उपयोग किया जा सकता है।

----

    a.   Vertical Raw Mill
    b.   Ball mill

4. Mixing:
इस विधि में पीसे गए Raw material में एकरूपता बढ़ाने के लिए Compressed air के माध्यम से Blending silo में मिक्स (mix) किया जाता है।

5. Burning:
Blending किये हुए मटेरियल को calcination करने के लिए preheater के बाद kiln में पकाकर क्लिंकर बनाया जाता है, इस दौरान कोयले को ईंधन के रूप में उपयोग किया जाता है, इस प्रक्रिया को ही BurningProcess कहते हैं।

6. Cement mill:
क्लिंकर को ठंडा करने के बाद इसमें जिप्सम या flyash मिलाकर Cementmill में पीसकर (Grinding) सीमेंट बनाया जाता हैं।

7. Packing plant
पैकिंग प्लांट में पिसे हुए सीमेंट के पाउडर को मशीनों के द्वारा बैग या बोरी में चंबा करके बाजार में भेज दिया जाता है।

Advantages
- क्योंकि इस विधि में कच्चे मटेरियल (rawmaterial) को पीसकर सीधे kiln में डाला जाता है, और इस सूखे powder में नमी अधिकतम 1 & 2 % तक होती है, कम नमी होने के कारण वाष्पीकरण के लिए आवश्यक heat भी कम लगती है, इस तरह इस विधि में heat की खपत (consumption) कम होती है।
- इस विधि में ऊर्जा की बचत (energysaving), अधिकतम उत्पादन दक्षता (highproductionefficiency), स्थिर उत्पादन (stableproduction) होता है, जो की बड़े बड़े सयंत्रो की आधारभूत जरूरत होती है।
- शुष्क प्रक्रिया सीमेंट उत्पादन में lesssewage (waste पदार्थ या waste गैसेस का कम होना) होता है।
- यह पर्यावरण संरक्षण के लिए अनुकूल है।

Disadvantages
- कच्चे माल की गैर सजातीय संरचना (inhomogeniouscomposition) होती है या कह सकते है की अलग अलग समय में अलग अलग अनुपात में कच्चे पदार्थ के मिश्रण की आवश्यकता होती है,
- उच्च बिजली की खपत (highpowerconsumption)
- संयंत्र में अधिक धूल वाला वातावरण (Dusty environment) हो जाता है।

Wet process

सीमेंट निर्माण की गीली प्रक्रिया (Wetprocess) में विभिन्न आकार के कच्चे माल के कणों को तोडा (crushing) जाता है और फिर इन्हे सही अनुपात में मिलाकर महीन पाउडर में पीस (grinding) दिया जाता है फिर इस पाउडर में मिलाकर घोल बनाया जाता है, इस घोल में पानी की मात्रा आमतौर पर 32% -36% के बीच होती है। इसके बाद इस घोल (Slurry) को सुखाने और कैल्सीनेशन (Calcination) के लिए गीली प्रक्रिया वाले भट्टे (wetprocesskiln) में डालकर (kiln को गर्म करने के लिए इसमें ईंधन को जलाया जाता है।) क्लिंकर बनाया जाता है, जिसे बाद में ठंडा करके Cementmill में (जिसमे grindingmedia होता है), जिप्सम की निश्चित मात्रा मिलाकर पीसा जाता है , पीसने के बाद बना हुआ पाउडर ही सीमेंट कहलाता है।

क्यों की यह प्रक्रिया पानी मिलाकर पूर्ण की जाती है इसलिए इसे wetprocess कहा जाता है।

Tempreture in different zone

Drying zone	400 °C	अधिकांशतः पानी या नमी वाष्पीकृत हो जाता है।
Calcination Zone	1000 °C	यह kiln का केंद्र बिंदु कहलाता है,इसमें slurry का विघटन होता है। $CaCO_3 \rightarrow CaO + CO_2$
Burning Zone	1500 °C - 1750 °C	➢ $2CaO + SiO_2 \rightarrow Ca_4SiO_4$ (C_2S) ➢ $3CaO + SiO_2 \rightarrow Ca_3SiO_5$ (C_3S) ➢ $3CaO + Al_2O_3 \rightarrow Ca_3Al_2O_6$ (C_3A) ➢ $3CaO + Al_2O_3 + Fe_2O_3 \rightarrow Ca_4Al_2Fe_2O_{10}$ (C_3AF)

Wetprocess में kiln की लम्बाई 120 से 150 मीटर एवं व्यास (Diameter) 2 से 4 मीटर तक हो सकता है।

Advantages:

- सीमेंट उत्पादन की गीली प्रक्रिया (Wetprocess) ऑपरेशन में सरल , कम धूल और easyconveying वाली होती हैं।
- क्योंकि घोल में तरलता होती है जिससे इसकी एकरूपता (homogeneity) अच्छी होने से क्लिंकर की गुणवत्ता में सुधार होता है।
- गीली प्रक्रिया में कच्चे माल को पीसने (Raw material Grinding) में खपत होने वाली ऊर्जा 30% कम हो जाती है।

Disadvantages:

- गीली प्रक्रिया की Heat की खपत (Consuptionofheat) बहुत अधिक (आमतौर पर 5234-6490 जूल/किग्रा) होती है, जिसके कारण अधिक ईंधन की आवश्यकता होती है।

- अन्य प्रसंस्करण (Processing) विधियों की तुलना में बॉल मिल के कमजोर भागों (vulnerableparts) की खपत (Consumption) भी बढ़ती है,

- गीली प्रक्रिया द्वारा निर्मित क्लिंकर kiln से बाहर आने पर कम तापमान का होता है, इसलिए यह विधि उच्च सिलिका दर (highsilicaratio) और उच्च एल्यूमीनियम–ऑक्सीजन दर (highalumniumoxygenrate) वाले क्लिंकर के उत्पादन लिए उपयुक्त नहीं होती है।

Semi Dry Process

सीमेंट निर्माण की अर्ध गीली प्रक्रिया (SemiWetProcess) में विभिन्न आकार के कच्चे माल के कणों को तोडा (crushing) जाता है और फिर इन्हे सही अनुपात में मिलाकर महीन पाउडर में पीस (grinding) दिया जाता हैफिर इस पाउडर को kiln में गिराते हैं, और पाइप के द्वारा धीरे धीरे पानी का छिड़काव करके कच्चे माल को छोटी छोटी गोलियों/गेंदों/blocks में परिवर्तित करने के बाद निर्जलित (dehydrated) करके सीधे लेपोल भट्टा (Lepol Kiln) में calcination करके क्लिंकर बनाया जाता है, जिसे बाद में ठंडा करके cementmill में (जिसमे grindingmedia होता है), जिप्सम की निश्चित मात्रा मिलाकर पीसा जाता है , पीसने के बाद बना हुआ पाउडर ही सीमेंट कहलाता है।

इस विधि को सेमी–वेट प्रोसेस (semiwetprocess) कहा जाता है

Advantages:

- Wet process की तुलना में कम तापमान की आवश्यकता होती है
- कार्यकारी संयंत्र (Workingplant) में धूल कम रहती है।
- बने हुए क्लिंकर का आकर एक सामान रहता है।

Disadvantages:

- यह विधि बड़े प्लाण्ट के लिए उपयुक्त नहीं होती है।

Wet Process of Cement Manufacturing (Block Diagram)

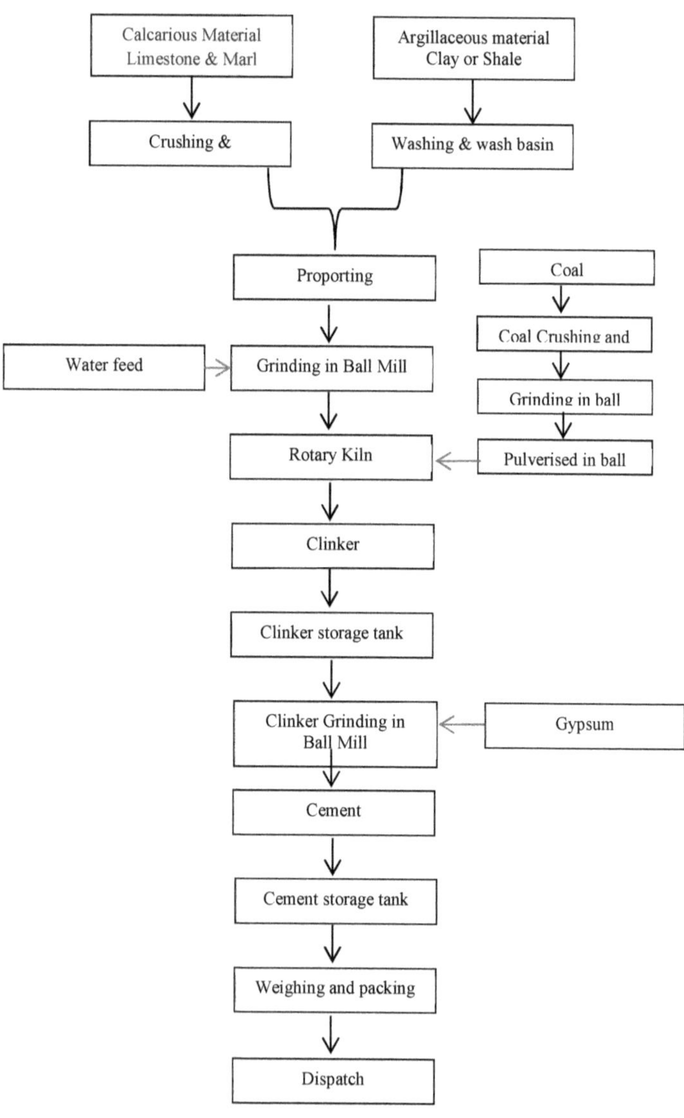

Dry Process of Cement Manufacturing (Block Diagram)

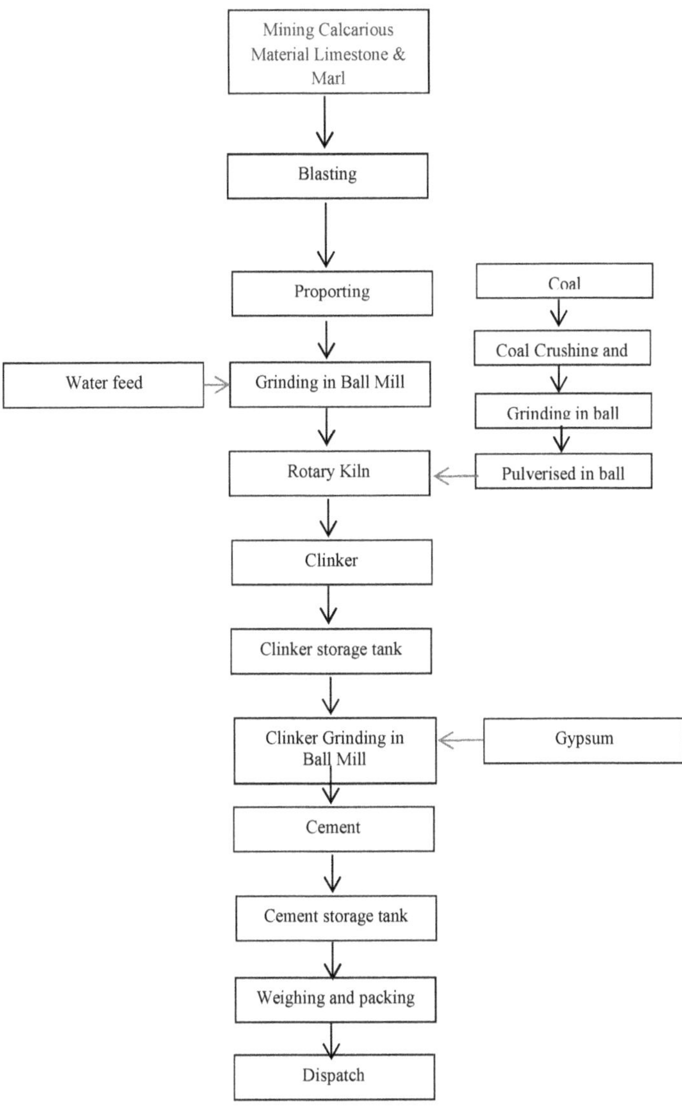

Difference Between Dry and Wet Process

Dry Process	Wet Process
• यह विधि वहाँ पर उपयोग की जाती है जहा पर RawMaterial आसानी से उपलब्ध होता है • इस विधि की process धीरे होती है • इसमें सीमेंट उत्पादन में लागत काम लगती है • यह विधि उस स्थान के लिए जहाँ पर प्लांट के लिए पानी उपलब्ध नहीं होता है • इस विधि में wear और tear कम होता है • इस विधि में grinding के लिए 30 % से अधिक energy लगती है • इस विधि से बना हुआ clinker अच्छी quality तथा uniform नहीं होता है	• यह विधि किसी भी प्रकार के RawMaterial के लिए उसे की जा सकती है . • इस विधि की प्रक्रिया तेज होती है • इसमें उत्पादन की लागत ज्यादा होती है • यह विधि उस स्थान के लिए उपयुक्त होती है जहा पर पानी अत्यधिक मात्रा में पाया जाता हो • इस विधि मे wear और tear बहुत अधिक होता है • इस विधि में grinding के लिए बहुत कम energy की जरूरत पड़ती है • इस विधि में क्लिंकर अच्छी क्वालिटी तथा एक सामान (uniform) होता

Setting and hardening of cement, Reactions during setting and hardening,

Setting and Hardening of Cement:-

- सीमेंट में जब पानी को मिलाया जाता है तो यह एक प्लास्टिक द्रव्यमान (plastic mass) बनाता है जिसे सीमेंट पेस्ट (cement paste) कहा जाता है। जलयोजन (Hydration) अभिक्रिया के दौरान, जेल और क्रिस्टलीय उत्पाद (gel and crystalline products) बनते हैं।
- क्रिस्टल का इंटर–लॉकिंग के दौरान निष्क्रिय कण (aggregates) आपस में बंधकर एक कॉम्पैक्ट चट्टान (Rock like Material) जैसी सामग्री बनाते हैं।

जमने की इस प्रक्रिया में निम्न दो अभिक्रियाएं होती है।
   (i) सेटिंग (Setting)
   (ii) सख्त होना (hardening)

Setting:
प्रारंभिक जेल बनने के बाद शुरूआती रूप में सख्त होने (या जम जाने) को सेटिंग कहते हैं

Hardning:
क्रिस्टलीकरण के कारण उस जमे हुए पदार्थ (Cement paste) में शक्ति (strength) का आना ही hardening कहलाता है।

- सीमेंट के आंतरिक द्रव्यमान (internal mass) में क्रिस्टलीकरण की क्रमिक प्रगति के कारण, जमने के बाद सख्त होना शुरू हो जाता है। सीमेंट पेस्ट द्वारा विकसित की गई ताकत (strength), जेल की मात्रा और क्रिस्टलीकरण की सीमा (extent of crystallization) पर निर्भर करती है।
- सीमेंट में setting और hardening होना उसमें उपस्थित हमस के विभिन्न यौगिकों (compounds) के hydration और hydrolysis की किया के दौरान इंटर लॉकिंग क्रिस्टल (interlocking crystals) के बनने के कारण होती है।

Reactions involved in Setting and hardening of Cement:-

जब सीमेंट को पानी में मिलाया जाता है, तो पेस्ट थोड़े समय के भीतर कठोर हो जाता है जिसे प्रारंभिक सेटिंग कहते है। यह ट्राइकैल्शियम एल्युमिनेट (C_3A tricalcium aluminate) के Hydration और टेट्राकैल्शियम एल्युमिनो फेराइट (tetracalciumaluminoferrite C_4AF) के gel बनने के कारण होता है।

$$3\ CaO.Al_2O_3 + 6\ H_2O \longrightarrow 3\ CaO.Al_2O_3.6\ H_2O + 880\ KJ/Kg$$
$$C_3A + 6\ H_2O \longrightarrow C_3A.\ 6\ H_2O + 880\ KJ/Kg$$

Tricalciumaluminate   hydratedtricalciumaluminate(crystalline)

$$4\ CaO.Al_2O_3.Fe_2O_3+7H_2O \longrightarrow 3\ CaO.Al_2O_3.6\ H_2O+ Cao.Fe_2O_3.H_2O + 420\ KJ/Kg$$
$$C_4AF+7\ H_2O \longrightarrow C_3A.6\ H_2O+CF.H_2O+420KJ/Kg$$
$$\text{Tetra calciumaluminoferrite} \qquad \text{(crystalline) gel}$$

डायकैल्शियम सिलिकेट (C_2S), hydrolyse होकर टोबरमोनाइट जेल का निर्माण करता है, जो प्रारंभिक सेटिंग में मदद करता ळें

$$2\ (2\ CaO.SiO_2)+4\ H_2O \qquad 3CaO.2SiO_2.6H_2O+Ca(OH)_2+ 250\ KJ/Kg$$
$$2\ C_2S+ 4\ H_2O \longrightarrow C_3S_2.6H_2O + Ca(OH)_2 +250KJ/Kg$$
$$\text{Dicalciumsilicate} \longrightarrow \text{tobermonitegel}$$

सीमेंट पेस्ट की Final setting और hardening, Tobermonitegel के बनने और calciumhydroxide एवं hydratedtricalciumaluminate के क्रिस्टलीकरण के कारण होती है।

$$2(2\ CaO.SiO_2) +6\ H_2O\longrightarrow 3\ CaO.2SiO_2.3H_2O+ \quad 3Ca(OH)_2 +500KJ/Kg$$
$$2\ C_3S+6\ H_2O \qquad C_3S_2.6H_2O \quad + \quad 3Ca(OH)_2 +500\ KJ/Kg$$
$$\text{tricalciumsilicate} \longrightarrow \text{tobermonitegel} \qquad \text{calcium hydroxide (crystalline)}$$

सीमेंट के Setting और Hardening के दौरान hydration एवं hydrolysisreactions होने के कारण कुछ मात्रा में ऊर्जा निकलती है , और सीमेंट के पूर्ण hydration होने पर 500 KJ/Kg ऊर्जा निकलती है।

Sequence of changes during setting and hardening of cement (block diagram):

Sequenceofchemical reactionsduring setting&hardening: -

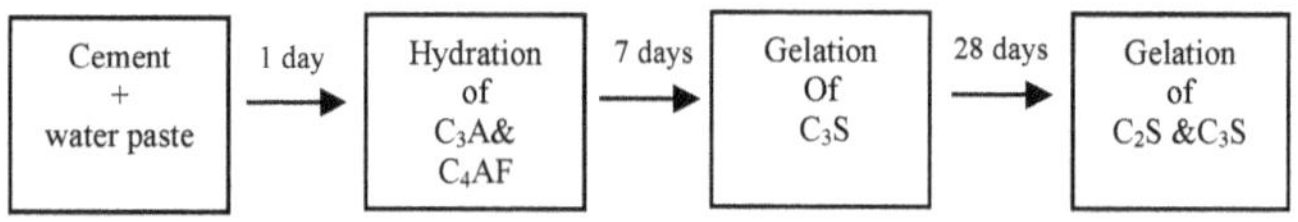

Function of gypsum, and hydration reaction of gypsum.

ट्राई कैल्शियम एल्युमिनेट (C_3A) पानी के साथ बहुत तेजी से जुड़ता है।

$$C_3A+ 6H_2O \longrightarrow C_3A.\ 6H_2O +heat$$

प्रारंभिक सेटिंग के बाद, पेस्ट नरम हो जाता है और मिलाया गया जिप्सम, अघुलनशील कैल्शियम सल्फो एल्यूमिनेट बनाकर C_3S के विघटन (dissolution) को रोकता है

$$3\ CaO.Al_2O_3.x\ CaSO_4.7\ H_2O$$

यह अभिक्रिया सीमेंट के घोल में एल्यूमिना की उच्च सांद्रता को रोकती है और इसलिए सीमेंट की प्रारंभिक सेटिंग मंद हो जाती है

Kiln में क्लिंकर बनने के बाद सीमेंट मिल में क्लिंकर के साथ जिप्सम मिलाया जाता है जो की अत्यधिक आवश्यक होता है, क्यों की जिप्सम सेटिंग टाइम को बढ़ता है , अर्थात delay करता है |

- यदि सीमेंट में जिप्सम न हो तो पानी डालते ही रसायनिक क्रिया आरंभ हो जाएगी, तथा सीमेंट सेट होनी आरंभ हो जाएगी, जबकि जिप्सम के उपलब्ध होने पर रसायनिक क्रिया धीरे धीरे होनें के कारण काम करनें के लिए समय मिल जाता है।

- जिप्सम को क्लिंकर के साथ सीमेंट मिल में 104 डिग्री सेल्सियस पर ग्राईंडिंग करते है।

- यदि सीमेंट मिल का तापमान 104 डिग्री सेल्सियस से अधिक हो जाए तो जिप्सम का Dehydration हो जाता है अर्थात जिप्सम से पानी के अणु अलग हो जाता है, इस स्थिति में सीमेंट का कोई अस्तित्व नहीं रह जाता है।

  जिप्सम   का रसायनिक सूत्र $CaSO_4.2H_2O$ है।

$$CaSO_4.2H_2O \longrightarrow CaO + SO_3 + 2H_2O\ (above\ 104^OC)$$

- $3CaO.Al_2O_3\ (C_3A)$ शीघ्र जमनें वाला पदार्थ होता है, जो जिप्सम से अभिक्रिया करके कैल्सियम सल्फो अलुमिनेट बनाता है, जो त्वरित जलयोजन की प्रकृति को दर्शाता ह ।

Blended Portland Cements

सीमेंट के उपयोगिता बढ़ाने के लिए, साधारण पोर्टलैंड सीमेंट (OPC) में मिश्रित सामग्री जैसे सिलिका फ्यूम्स, फ्लाई ऐश, लाइमस्टोन और स्लैग आदि को निश्चित मात्रा में मिलाकर पीसने से Blended सीमेंट का निर्माण होता है।

मिश्रित सीमेंट के द्वारा कंक्रीट की कार्यक्षमता (workability), शक्ति (strength), स्थायित्व (Stability) और रासायनिक प्रतिरोध (chemicalresistance) आदि में सुधार होता है।

Learning Outcome 2

Different types of cement, Ordinary Portland cement (OPC), white cement, moderate heat Portland cement, rapid hardening cement, low heat cement, IRST- 40 cement, blended PC, Portland pozzolana cement, blast furnace slag cement, their properties, composition, Estimation of pozzolana and slag percentage in cement.

Ordinary Portland Cement (OPC):

यह सीमेंट उपयोग किया जाने वाला सबसे सामान्य प्रकार का सीमेंट है, जिसका व्यापक रूप से उपयोग किया जाता है।

यह सीमेंट क्रैकिंग (Cracking) और शुष्क संकोचन (Dryshrinkage) के लिए अच्छा प्रतिरोधक है, अर्थात इस सीमेंट में cracking और Dryshrinkage कम होता है। लेकिन रासायनिक हमले के लिए यह सीमेंट कम प्रतिरोधक होता है इस कारण OPC सीमेंट सल्फेट युक्त मिट्टी वाले निर्माण कार्य के लिए उपयुक्त नहीं है।

साधारण पोर्टलैंड सीमेंट निम्नलिखित प्रकारों में उपलब्ध है:
33 ग्रेड, 43 ग्रेड और 53 ग्रेड।

ग्रेड 28 दिनों में सीमेंट की ताकत (Strength) को दर्शाता है।
जैसे
33 grade $=$ 33 N/mm^2 (33 MPa)
43 grade $=$ 43 N/mm^2 (43 MPa)
53 grade $=$ 53 N/mm^2 (53 MPa)

1.   White Cement:-

इस प्रकार का सीमेंट, OPC सीमेंट में आयरन ऑक्साइड की मात्रा को कम करके प्राप्त किया जाता है। ताकत (Strength) और स्थायित्व (durability) OPC के समान होती है। इस प्रकार के सीमेंट का उपयोग टाइल्स और अन्य आंतरिक कार्यों को जोड़ने के लिए किया जाता है।

2.   Moderate heat Portland cement:

पोर्टलैंड सीमेंट में एलाइट (C_3S) और ट्राईकैल्शियम एल्यूमीनियम चरण (C_3A) की कम मात्रा करनें से हाइड्रेशन की ऊष्मा घट जाती है।
मॉडरेट हीट पोर्टलैंड सीमेंट का उपयोग बड़े पैमाने के निर्माण कार्यों के लिए उपयुक्त होता है, जैसे बांध, पुल की बीम और परमाणु ऊर्जा संयंत्र।

- इस सीमेंट की दीर्घकालिक ताकत (सवदह जमतउ ॅजतमदहजी) बहुत अच्छी होती है।
- इस सीमेंट का शुष्क संकुचन (क्तल ॅीतपदांहम) बहुत कम होता है।

- इस सीमेंट में रसायनों (जैसे कि हाइड्रोसल्फेट) के प्रति प्रतिरोधक क्षमता बहुत अधिक होती है।

Heat of hydration
7days	–	275 J/g
28d	–	328J/g

Compressive Strength (N/mm^2)
3d	–	22.5 N/mm^2
7d	–	31.8 N/mm^2
28d	–	55.1 N/mm^2

3. <u>Low heat portland cement: –</u>

इस प्रकार के सीमेंट का निर्माण C_3S सामग्री (Contents) को कम करके और C_2S सामग्री (Contents) को बढ़ाकर किया जाता है। इसमें साधारण पोर्टलैंड सीमेंट की तुलना में कम संपीड़न शक्ति (Compressivestrength) होती है। इसमें OPC की तुलना में चूने (LimeContents) की मात्रा कम होती है। इस प्रकार के सीमेंट का उपयोग, रोकनें वाली दीवारों (Retainingwalls) के निर्माण में किया जाता है और यह पतली कंक्रीट संरचनाओं के लिए उपयुक्त नहीं है।

4. <u>Rapid Hardening cement:</u>

- रैपिड हार्डनिंग सीमेंट सामान्य पोर्टलैंड सीमेंट (OPC) के समान है। मिश्रण में अत्यधिक C3S जोड़कर एवं सीमेंट में C2S सामग्री को कम करके प्रारंभिक शक्ति (Earlystrength) प्राप्त की जाती है।
- जैसा कि नाम से ही मिलता–जुलता है, इस प्रकार के सीमेंट का उपयोग वहाँ किया जाता है जहाँ उच्च प्रारंभिक शक्ति (Higherearlystrength) की आवश्यकता होती है। उदाहरण. फुटपाथ, व्यस्ततम सड़क मार्ग
- 3 दिनों के समय में रैपिड हार्डनिंग सीमेंट की ताकत लगभग 7 दिनों की साधारण पोर्टलैंड सीमेंट की ताकत के समान होती है।
- इसमें ओपीसी के समान जल–सीमेंट अनुपात की आवश्यकता होती है।
- इस प्रकार के सीमेंट का उपयोग बड़े पैमाने पर कंक्रीट के निर्माण के लिए नहीं किया जाता है।

5. <u>Low heat cement:</u>

- Low heat Cement एक विशेष प्रकार का बनाया हुआ सीमेंट है जो सेटिंग के दौरान hydration में कम गर्मी उत्पन्न करता है। यह सीमेंट साधारण पोर्टलैंड सीमेंट की तुलना में कम प्रतिक्रियाशील होता है क्योंकि इसमें $C2S$ के अनुपात को बढ़ाकर और C_3S और C_3A के अनुपात को कम करके प्राप्त किया जाता है। इनकी मात्राओं में कमी के कारण शक्ति (strength) धीरे धीरे बढ़ती है , लेकिन अंतिम शक्ति (Laststrength) सामान्य पोर्टलैंड सीमेंट के बराबर हो जाती है।
- लो हीट सीमेंट में 5% ट्राईकैल्शियम एल्यूमिनेट (C_3A) और 46%DicalciumSilicate (C_2S) होता है।
- जलयोजन (Hydration) के लिए जल की मात्रा कम लगती है।

Disadvantages:

- इस सीमेंट का सिंचाई समय (Curingtime) अधिक होता है ।
- सीमेंट की कीमत साधारण सीमेंट की तुलना में अधिक होती है।
- इस सीमेंट का उपयोग ठंड के मौसम में नहीं किया जा सकता है।
- प्राप्त प्रारंभिक ताकत (Early strength), OPC Concreate की तुलना में कम , लेकिन अंतिम ताकत (Final Strength), OPC की तरह ही होती है।

6. <u>IRS-T 40 Special Grade Cement:</u>

IRS-T 40 सीमेंट एक विशेष प्रकार का सीमेंट है जो मुख्य रूप से केवल रेलवे के कार्यों में उपयोग किया जाता है। यह विशेष सीमेंट भारतीय रेल मंत्रालय द्वारा अनुमोदित विनिर्देशों (SpecificationsapprovedbytheministryofIndianRailways) के तहत निर्मित होता है। इस सीमेंट में उच्च मात्रा में C3S होता है जिसे उच्च प्रारंभिक शक्ति (higherearlystrength) विकसित करने के लिए बारीक पीस लिया जाता है। IRS-T 40 सीमेंट मुख्य रूप से रेलवे स्लीपरों के निर्माण में उपयोग किया जाता है और इसका उपयोग वहां भी किया जा सकता है जहां उच्च शक्ति (highstrength) की जरूरत होती है । इसके अलावा इन सीमेंटों का उपयोग ऊंची इमारतों, पूर्व तनाव कंक्रीट कार्यों (Prestressedconcreteworks) में किया जाता ळें

7. <u>Blended PC:</u>

BlendedCement को बनाने और उसमें विभिन्न उपयोग के हिसाब से उसमें गुण उत्पन्न करने के लिए उसमें   OPC को अन्य पदार्थों जैसे silicafumes, fly ash,limestone,slag आदि के साथ मिलाकर मिश्रित (Blending) करके बनाया जाता है। मिश्रित सीमेंट (Blended Cement)   कंक्रीट की कार्य क्षमता (workability), शक्ति (Strength), स्थायित्व (Stability) और रासायनिक प्रतिरोध (Chemical Resistance) आदि को बढ़ा देता है।

<u>मिश्रित सीमेंट की विशेषताएं (Charecterestics of Blended Cement)</u>

- बेहतर कार्यशीलता (workability) और पंपबिलिटी (pumpability)
- कम पानी की आवश्यकता
- कम DryingShrinkage
- सल्फेट हमले और क्लोराइड प्रवेश के लिए बेहतर प्रतिरोधन क्षमता
- क्षार प्रतिक्रिया (AlkaliAggregateReaction) के लिए कम क्षमता

<u>Types of Blended Cement):</u>

Portland-Slag Cement
Portland-Pozzolana Cement
Portland-Limestone Cement
Ternary Blended Cement

<u>Portland-Slag Cement</u>

- यह OPCसे बेहतर बनावट प्रदान करता है इसलिए इसका उपयोग परिष्करण (finishing) और उन्नयन (Elevation) कार्यों के लिए किया जा सकता है।
- पानी की खपत कम होती है जिससे काम करना और आकार देना आसान हो जाता है।
- 28 दिनों के बाद प्राप्त ताकत (Strength), OPC की तुलना में संपीड़न (compressive) और फ्लेक्सुरल तनाव (flexuralstress) दोनों में काफी मजबूत है।
- मिश्रित कंक्रीट (Blended Concreate) की पारगम्यता (penetration) कम होती है, जिसके कारण साधारण सीमेंट की तुलना में आक्रामक जल अपवाह यौगिकों (Penetrationofaggressivewater) जैसे सल्फेट्स और क्लोराइड्स के प्रवेश को कम करके कंक्रीट का जीवन बढ़ाया जाता है।
- मिश्रित सीमेंट के उपयोग से तापमान में बदलाव से थर्मल तनाव के कारण होने वाली दरारें कम हो जाती हैं।
- मिश्रित सीमेंट के उपयोग से तापमान में बदलाव से थर्मल तनाव (thermalstress) के कारण होने वाली दरारें कम हो जाती हैं।
- सिलिका फ्यूम और स्लैग, या सिलिका फ्यूम और फ्लाई ऐश के रूप में मिश्रित सीमेंट (Blended Cement) का उपयोग करके क्षार–सिलिका रिएक्शन (Alkali-Silica Reaction) से होने वाली समस्याओं को कम किया जा सकता हैं।
- उपयोग किए जाने Blending Material, औद्योगिक उत्पाद होते हैं , इन औद्योगिक उत्पादों का उपयोग प्राकृतिक संसाधनों जैसे चूना पत्थर (limestone), सिलिका और मिट्टी के उपयोग को कम करता है।

<u>मिश्रित सीमेंट के उपयोग (Uses of Blended Cement)</u>

मिश्रित सीमेंट उपयोग के लिए एक आदर्श होता है जैसे कि,

- घरेलू निर्माण
- प्रमुख इंजीनियरिंग परियोजना।
- प्री–कास्ट कंक्रीट जहां उच्च स्थायित्व और ऑफ–फॉर्म फिनिश (Off–formfinish) की आवश्यकता होती है
- स्थिरीकरण के लिए जैसे चंअमउमदज तमबलबसपदह आदि
- खनन अनुप्रयोग (MiningApplication)
- विशेष तरह के उपयोगो जैसे चिपकने वाले, रेंडर, मोटार और ग्राउट आदि के लिए उपयोग किया जाता है।

---

8. <u>Portland Pozzolana Cement:</u>

पोर्टलैंड पॉजोलाना सीमेंट (PPC) एक प्रकार का मिश्रित सीमेंट है जिसको OPC क्लिंकर को जिप्सम और पॉजोलैनिक सामग्री (Pozzolanic materials) के साथ कुछ निश्चित अनुपात मिलाकर पीसकर बनाया जाता है या की फिर ओपीसी क्लिंकर, जिप्सम और पॉजोलानिक सामग्री को अलग–अलग पीसकर और निश्चित अनुपात में अच्छी तरह से मिलाकर तैयार किया जाता हैं।

फ्लाई ऐश एक तरह का सिलिसियस पदार्थ है , जिसमें सीमेंट के बहुत कम या न के बराबर गुण होते हैं।

यह बारीक और पानी की उपस्थिति में, कैल्शियम हाइड्रॉक्साइड के साथ सामान्य तापमान पर प्रतिक्रिया करके सीमेंट के गुणों वाले यौगिक (ब्यउचवनदक) बनाते हैं।

फ्लाई ऐश पॉजोलाना का उपयोग करके पोर्टलैंड पॉजोलाना सीमेंट का निर्माण, भौतिक और रासायनिक आवश्यकताएं IS-1489-1 (1991) के अनुरूप होनी चाहिए।

<u>Raw Material:</u>

- Pozzolana: पोर्टलैंड–पॉजोलाना सीमेंट के निर्माण में उपयोग की जाने वाली फ्लाई ऐश का उपयोग IS 3812: 1981 के अनुसार होना चाहिए

- Portland Cement Clinker: पोर्टलैंड–पॉजोलाना सीमेंट के निर्माण में उपयोग किया जाने वाला पोर्टलैंड सीमेंट क्लिंकर सभी तरह से IS-1269:1989 की रासायनिक आवश्यकताओं (ChemicalRequirement) के अनुसार होना चाहिए।

- Portland Cement: पोर्टलैंड सीमेंट में फ्लाई ऐश के साथ सम्मिश्रण (Blending) के लिए IS 269:1989 के अनुसार होना चाहिए।

- Other admixtures: इनका उपयोग 1 प्रतिशत से ज्यादा नहीं किया जा सकता है ।

<u>Manufacture:</u>

- PPC बनाने के लिए Portlandclinker में फ्लाई ऐश को मिलाकर मिश्रित करना होगा, PPC में फ्लाई ऐश की मात्रा 10 से 25 प्रतिशत तक होना चाहिए।

Chemical Requirements:

SL No.	Characterestics	Requirement	Method of test to IS
1	Loss of ignition, percentage by mass, Max	5.0	4032:1985
2	Magnesia (MgO), percentage by mass, Max	6.0	4032:1985
3	Sulphuric anhydride (SO_3), percentage by mass, Max	3.0	4032:1985

4	Insoluble Material, percentage by mass, Max	$$X + \frac{4.0\,(100-x)}{100}$$ Where x is the declared percentage of flyash in the given Portland-Pozzolana cement	4032:1985

Fineness: IS 4031 (Part 2): 1988
Soundness: IS 4031 (Part 3): 1988
Setting Time: IS 4031 (Part 5): 1988
Compressive strength: IS 4031 (Part 6): 1988
Drying shrinkage: IS 4031 (Part 10): 1988

9.   Blast furnace slag Cement: -

इस प्रकार का सीमेंट साधारण पोर्टलैंड सीमेंट से सस्ता है। इसका निर्माण ओपीसी क्लिंकर और ब्लास्ट फर्नेस स्लैग को आपस में मिलाकर किया जाता है। ब्लास्ट फर्नेस स्लैग सीमेंट में जलयोजन के दौरान कम गर्मी विकसित करता है और इसमें शुरुआती ताकत (EarlyStrength) कम होती है ।

10. Estimation of pozzolana and slag percentage in cement.

<u>उपयोगी सामग्री:</u>
1. हाइड्रोक्लोरिक एसिड –Sp gt 1.16 (IS: 265-1976 के अनुसार)
2. तनु हाइड्रोक्लोरिक एसिड (आसुत जल के 1:99 अनुपात में (आयतन के अनुसार)
3.2N सोडियम कार्बोनेट घोल।

क्रियाविधि:
- लिया गया नमूना पूर्ण रूप से नमी मुक्त और IS : 3535-1966 के अनुसार होना चाहिए।
- उपरोक्त पीपीसी नमूने के एक ग्राम को 25 मिली ठंडा पानी और 5 मिली हाइड्रोक्लोरिक एसिड में जोर से हिलाकर मिलाएं मिलाएं, और इसे व्यवस्थित मिलाने के लिए कांच की छड़ के चपटे सिरे से तब तक पीसें जब तक कि सीमेंट पूरी तरह से मिश्रित न हो जाए।
- अब घोल को 50 मिली तक पतला करें (आसुत जल से) और उबलने के थोड़ा नीचे के तापमान (क्वथनांक) पर 15 मिनट के लिए गर्म करें ।
- अवशेषों को छानकर गर्म पानी से अच्छी तरह धो लें।
- अवशेषों को फिल्टर पेपर के साथ आगे के परीक्षण के लिए भेजें।
- 30 मिली गर्म पानी और 30 मिली 2N सोडियम कार्बोनेट घोल में अवशेषों वाले फिल्टर पेपर को 10 मिनट के लिए क्वथनांक के ठीक नीचे तापमान पर गर्म करके अपचयित करें ।

- अब इसे तनु हाइड्रोक्लोरिक एसिड (1:99) से छान लें और अंत में गर्म पानी से धो लें ताकि अवशेष क्लोराइड से मुक्त हो जाए।
- अब अवशेषों को क्रूसिबल में 900 से 1000 डिग्री सेल्सियस पर गर्म करें,
- अब इसे एक जलशुष्कक (desicator) में ठंडा करके वजन करें,
- अब निम्नांकित आकृति का उपयोग करके फ्लाई ऐश की मात्रा को ज्ञात किया जा सकता है ।

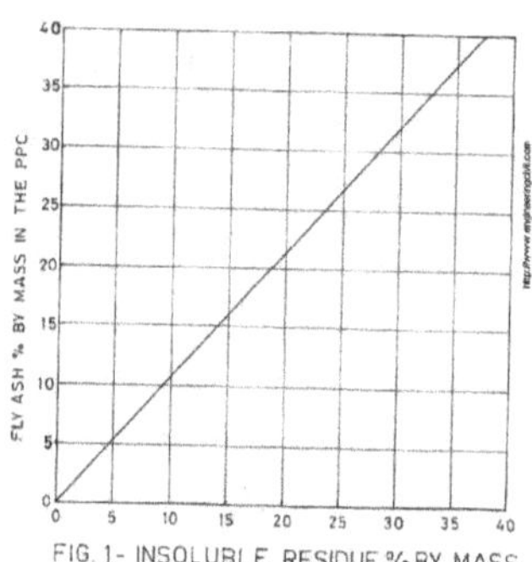

FIG. 1- INSOLUBLE RESIDUE % BY MASS

भारत सरकार द्वारा निम्नांकित स्टैण्डर्ड परिभाषित किये गए हैं

1. IS : 3535 – 1966 – Method of sampling hydraulic cements, BIS, New Delhi.
2. IS : 265-1976 – Specification for hydrochloric acid (second revision BIS, New Delhi)
3. IS : 4032 – 1985 – Method of chemical analysis of hydraulic cement (First Revision) BIS, New Delhi.
4. IS : 1489 (Part-I) : 1991- (Reaffirmed 2005) (Third Revision) Portland Pozzolana Cement – Part-I Fly Ash based BIS, New Delhi.

Chapter:04

Learning Outcome 1

Describe the different physical and chemical properties of cement.

Evaluation of physical and chemical of properties of cement, consistency, Initial and final setting time, compressive strength, soundness by Lechatelier's method and by autoclave test, fineness by sieve analysis and by air permeability method (Blain), loss on ignition, insoluble residue, burn ability index, burn ability factor.

Consistency:

सीमेंट को अपनी पूरी क्षमता या द्रढ़ता प्राप्त करने के लिए कितने पानी की आवश्यता होती है , ये ज्ञात करने के लिए हमें स्टैण्डर्ड कन्सिस्टेन्सी (standard consistency) ज्ञात करने की जरूरत होती है ।

जब पानी को सीमेंट में मिलाया जाता है, तो यह हाइड्रेशन की प्रक्रिया चालू हो जाती है, जब पानी की मात्रा ज्यादा हो जाती है तो सीमेंट और पानी का अनुपात अधिक होने के कारण कठोर होने के बाद इसकी क्षमता कम हो जाती है, और इसी तरह जब पानी की मात्रा कम होती है उस समय भी सीमेंट की क्षमता कम होती है क्योंकि सीमेंट में हाइड्रेशन की क्रिया पूरी नहीं हो पाती है. एक सामान्य सीमेंट की स्टैण्डर्ड कन्सिस्टेन्सी 25-35% होती है।

माना की एक सीमेंट की स्टैण्डर्ड कन्सिस्टेन्सी 30% है, और उदाहरण के लिए 400 ग्राम सीमेंट में पानी के मात्रा 30% यानी 120 ग्राम पानी के आवश्यकता होगी ।

Setting time of Cement (सीमेंट का सेटिंग समय):

जब सीमेंट को पानी में मिलाया जाता है, तो यह हाइड्रेट होकर सीमेंट पेस्ट बनाता है। यह पेस्ट अपनी प्लास्टिसिटी के कारण किसी भी आकार में ढाला जा सकता है। इस समय सीमेंट पानी के साथ प्रतिक्रिया करता रहता है और धीरे–धीरे सीमेंट अपनी प्लास्टिसिटी खोने लगता है और कठोर हो जाता है। इस पूर्ण चक्र को सीमेंट का सेटिंग समय कहा जाता है।

Initial Setting time of Cement:-

जिस समय सीमेंट को बिना ताकत या strength खोए किसी भी मनचाहे आकार में ढाला जा सके, उसे सीमेंट का प्रारंभिक सेटिंग समय कहा जाता है।

Or

वह समय जिस पर सीमेंट कठोर होने लगता है और पूरी तरह से अपनी प्लास्टिसिटी खो देता है, इसे सीमेंट का इनिशियल सेटिंग टाइम कहा जाता है।

Or

सीमेंट को मिक्स करने और उसे किसी भी आकर या स्थान में रखने के लिए उपलब्ध समय सीमेंट का एक प्रारंभिक सेटिंग समय कहलाता है, और देर होने पर सीमेंट अपनी ताकत या स्ट्रेंथ खो देता है ।

Final setting time of Cement:-

जिस समय सीमेंट पूरी तरह से अपनी प्लास्टिसिटी खो देता है और कठोर हो जाता है वह सीमेंट का अंतिम सेटिंग समय होता है।

Or

अपनी पूरी ताकत या स्ट्रेंथ हासिल करने के लिए सीमेंट द्वारा लिया गया समय सीमेंट का अंतिम सेटिंग समय है।

साधारण पोर्टलैंड सीमेंट के लिए, अंतिम सेटिंग समय 600 मिनट (10 घंटे) है।

Compressive Strength

कम्प्रेसिव स्ट्रेंथ किसी स्ट्रक्चर या मटेरियल की दबाव को सहने या झेल सकने की क्षमता को कहते हैं , इसे किसी भी मटेरियल में दबाव डालने पर उसे विरोध करने की क्षमता को (जब तक की दरार या टूट न जाए) ही कम्प्रेसिव स्ट्रेंथ कहते हैं ।

इस टेस्ट में सीमेंट द्वारा बने हुए mortar सैंपल को दोनों और से बल लगाते हैं, और जब तक की सैंपल टूट नहीं जाता हैं तब तक बल को नोट कर लेते हैं और यह बल ही कम्प्रेसिव स्ट्रेंथ कहलाता हैं ।

तकनीकी भाषा में कम्प्रेसिव स्ट्रेंथ का मतलब :

28 दिनों के बाद सीमेंट के बनें हुए सैंपल को यूनिवर्सल टेस्टिंग मशीन के द्वारा लगाए गए कम्प्रेसिव स्ट्रेस को विरोध करने की क्षमता (जब तक की वह टूट न जाए) को ही कम्प्रेसिव स्ट्रेंथ कहते हैं।

Soundness of Cement :

सीमेंट का साउंडनेस टेस्ट यह दर्शाता है की सीमेंट कठोर होने के बाद उसमें कोई विस्तार या एक्सपांशन नहीं होता है, और यह सीमेंट में एक्स्ट्रा चूना (excess lime) की मात्रा को भी बताता है,सीमेंट के सेट या कठोर होने के बाद उसके आयतन में बदलाव सीमेंट के अनसाउंडनेस होने के कारण होता है।

सीमेंट के सेटिंग होने के बाद यदि सीमेंट के आयतन में बदलाव होता है तो सीमेंट की कठोरता में कमी, सीमेंट की मजबूती (strength) और स्थाईत्व (Durability) में कमी आ जाती है ।

सीमेंट में Unsoundness के कारण (Reason for unsoundness of cement)

1. सीमेंट में चूने (लाइम)की अधिकता होना
2. सीमेंट के निर्माण के दौरान किलन में अपर्याप्त पकना (incomplete calcination)।
3. कच्चे माल का अव्यवस्थित पीसना और अव्यवस्थित मिश्रण होना।
4. मैग्नीशियम या सल्फेट की अधिक मात्रा के कारण भी अनसाउंडनेस होता है।

Determinationof Soundnessby Le-Catelier Method

- Le-Catelier test के लिए जो apparatus (यह brass material का बना होता है) उपयोग किया जाता है, उसे small slitcylinder कहते हैं, जिसमे की स्प्रिंग brass 0.5 mm, जिसकी मोटाई 0.5MM एवम 30 mm diameter तथा height 30mm होती है, जो पॉइंट इंडिकेटर होता है वो 21.65mm का होता है।

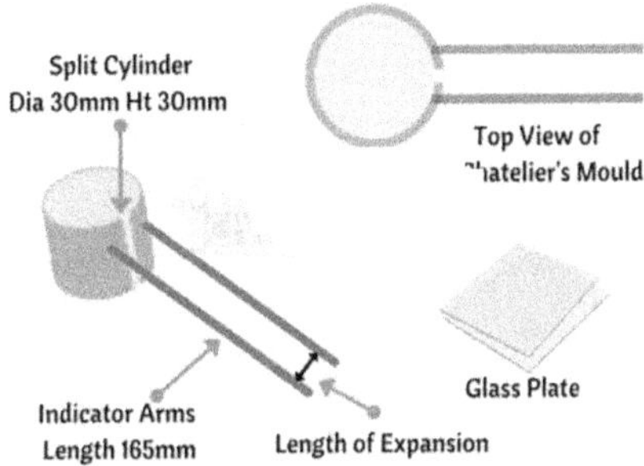

- सीमेंट की उचित मात्र लगभग 100 gmलेते है तथा उसमे Consistancyका 78% पानी मिलाते हैं।
- इस प्रकार जो सीमेंट का पेस्ट बनता है, उसे सिलिंडर मे भर देते हैं, तथा सिलिंडर के नीचे काँच के पट्टी लगा देते हैं, यह काच की पट्टी एक समतल सतह का काम करती है।
- इस प्रकार से cylinder को एक गीले कपड़े से ढक देते हैं, तथा tempretureको 272^0C तक करके 24 घंटे के लिए रखा जाता है।
- जब इसे cylinder मे रखते है तो उस समय indicator की रीडिंग नोट कर लेते हैं।
- 24 घंटे बाद बने हुये पत्थर को 3 घंटे तक गरम करते है ।
- फिर इसे पानी से धोकर सिलिंडर के इंडिकेटर की रीडिंग नोट करते हैं।
- प्रारभिक और अंतिम रीडिंग के अंतर को ही soundess expansion कहते हैं।

Determination of Soundness by autoclave method:

Soundness ज्ञात करने के लिए auto clave test करते हैं।
- सबसे पहले सीमेंट की उचित मात्र लगभग 400 ग्राम लेते हैं।
- इसमे पानी मिलकर पेस्ट तैयार करते हैं।
- इस बने हुये पेस्ट को 25 X 25 X 250CM साइज के mould मे भरते हैं , इस mould को auto clave कहते हैं।
- Mould को तैयार करने के बाद इसेspecimen में रखते हैं, तथा इसकी प्रारम्भिक reading ले ली जाती है।
- इस mould को 3 घंटे तक 21 kg/cm^2 दबाव और 215 डिग्री सेल्सियस में तापमान में रखा जाता है।
- अब 3 घंटे के बाद ऑटो clave की स्विच बंद कर देते हैं।
- इसके बाद mouldको सावधानीपूर्वक उठाकर 15 मिनट तक ठंडे पानी में रखते हैं, तथा इसे 90 डिग्री सेल्सियस से 27 डिग्री सेल्सियस तक ले आते हैं।
- इस प्रकार प्रारम्भिक और अंतिम रीडिंग के बीच के अंतर को ही soundness कहा जाता हैं।

$$\text{Soundness} = \frac{Difference\ in\ reading\ X\ Least\ Count}{250}$$

Fineness:

हम जानते हैं कि पानी की उपस्थिति से सीमेंट हाइड्रेट होता है। जब सीमेंट को पानी के साथ मिलाया जाता है, तो कण के चारों ओर एक पतली परत बन जाती है। यह परत बड़ी हो जाती है और सीमेंट के कणों को अलग कर देती है। इसके कारण, जलयोजन या हाइड्रेशन की प्रक्रिया धीमी हो जाती है। इसलिए, छोटा कण बड़े कण की तुलना में बहुत तेज प्रतिक्रिया करेगा।   1 माइक्रोन व्यास वाला एक कण एक दिन में पूरी तरह से प्रतिक्रिया करेगा, जबकि 10 माइक्रोन व्यास के कण में लगभग एक महीने का समय लगता है। इसलिए एक निश्चित समय में सीमेंट की अंतिम स्ट्रेंथ या ताकत प्राप्त करने में कणों के आकार का वितरण अधिक महत्वपूर्ण है।

लेकिन सीमेंट में बहुत अधिक छोटे कणों के कारण त्वरित या जल्दी सेटिंग में होती है, और मिश्रण बनानें , हैंडलिंग और रखने के लिए समय नहीं बचता है। इसलिए सीमेंट के सेटिंग समय को बढ़ाने के लिए, सीमेंट कणों के अलग अलग आकारों को अलग अलग अनुपात में मिलाया जाता है।

सामान्यतया सीमेंट में कणों को निम्नलिखित अनुपात में रखा जाता है
1. कणों का लगभग 10% सीमेंट 2 माइक्रोन से छोटा होता है,
2. 10% सीमेंट का कण 50 माइक्रोन से बड़े कणों से बना होता है,
3. और केवल कुछ ही प्रतिशत कण 90 माइक्रोन से बड़े आकार के होते है,

एक अच्छी गुणवत्ता के सीमेंट में 90 माइक्रोन आकार के कण 10 प्रतिशत से ज्यादा नहीं होनी चाहिए।

एक ग्राम सीमेंट के द्वारा बनाये गए क्षेत्रफल को ही fineness कहा जाता है, इसे specific surface भी कहा जाता है , BIS के अनुसार सीमेंट की fineness कम से कम

OPC के लिए 2260 cm^2 प्रति ग्राम, और PPC के लिए 3000 cm^2 प्रति ग्राम होना आवश्यक है ।

1. RHC और PPC में seive test के लिए बने हुए मटेरियल का weight 5% से अधिक नहीं होना चाहिए ।

2. अन्य सभी प्रकार के portland cement तथा PBPSC 10 % से ज्यादा नहीं होना चाहिए ।

3. air permilibilitymethod द्वारा specific surface 215 M^2 / kg से कम नहीं होना चाहिए ।

Fineness का प्रभाव:

1) बारीक पिसा हुआ सीमेंट पानी के साथ जल्दी अभिक्रिया कर लेता है, और जल्दी strength (समर्थता) पकड़ता है।

2) सीमेंट की ultimate strength पर उसका कोई प्रभाव नहीं होता है।

3) अधिक बारीक पिसे हुये सीमेंट मे shrinkage अधिक होता है।

4) सीमेंट की fineness को निम्नांकित विधियों के द्वारा ज्ञात किया जाता है।

    (i) <u>By Sieve Analysis:</u>
        100 ग्राम सीमेंट पानी को IS No – 9, में 15 मिनट तक हाथ से छाना जाता है, तो छानने पर बची हुई सीमेंट की मात्रा कुल सीमेंट की 10% भाग से अधिक नहीं होती है।

    (ii) By Specific Surface:Air Permiability method द्वारा SpecificSurface 2250ग्राम से कम नहीं होना चाहिए, 1 Kg Le –Bidmetre methodद्वारा specific surfaceकी वैल्यू 1600 M^2/gm से कम नहीं होना चाहिए।

Loss on ignition:
LOI in Clinker formation:

        LOI से तात्पर्य वाष्पशील पदार्थ जैसे CO_2, जल वाष्प और अन्य दहनशील पदार्थों से है, रॉ मटेरियल का कैल्सिनेशन के दौरान कुछ वाष्पशील पदार्थों जैसे CO2 , पानी और अन्य दहनशील पदार्थों का अलग हो जाना या मुख्य उत्पाद में से इन सबका loss होना ही Loss of ignition कहलाता है ।

LOI =0.44 CaCO$_3$ + 0.524 MgCO$_3$+ Combined H$_2$O + कार्बनिक पदार्थ (Organic matter)

LOI in Cement:

        LOI की गणना सीमेंट के नमूने को 900–1000°C (1650–1830°F) तक गर्म करके(जब तक कि एक स्थिर भार प्राप्त नहीं हो जाता) की जाती है,। हीटिंग के कारण सीमेंट के नमूने का वजन कम हो जाता है। सीमेंट के जलने पर अधिक नुकसान या LOI ज्यादा होना प्रीहाइड्रेशन (पानी का सीमेंट में मिलकर अभिक्रिया होना) और कार्बोनेशन का संकेत दे सकता है, जो परिवहन के दौरान या लंबे समय तक अनुचित भंडारण या मिलावट के कारण हो सकता है।सामान्यतया एक सीमेंट का LOI 5% से अधिक नहीं होना चाहिए ।

<u>**LOI** गणना करने की विधि:</u>

1.0 ग्राम नमूने को 15 मिनट के लिए900°C और 1000°C सेल्सियस के बीच के तापमान पर मफल भट्टी में रखकर 20 से 25 मिलीलीटर क्षमता के भारित और ढके हुए प्लेटिनम क्रूसिबल (एक चीनी मिट्टी के बरतन क्रूसिबल का भी उपयोग किया जा सकता है) में गर्म करें; और फिर ठंडा करके वजन करते हैं,5 मिनट के लिए दूसरी बार गर्म करके वजन घटाने की जांच करें और फिर से वजन करें,और इस तरह बार बार दोहराएं जब तक की वजन नियत न हो जाए,वजन में कमी को Loss of Ignition के रूप में रिकॉर्ड करें और इग्निशन परनुकसान के प्रतिशत की गणना नीचे दिएगए सूत्र से अनुसार Loss of Ignitionकी गणना करें।

$$\text{Percent loss on ignition} = \text{loss in weight} \times 100$$

<u>*Insoluble residue*</u>

सीमेंट को एक विशेष हाइड्रो क्लोरिक अम्ल के साथ एक निश्चित समय तक शोधन या ट्रीटमेंट करने के बाद जो भी पदार्थ शेष बचता है उसे ही अघुलनशील अवशेष कहा जाता है।

or

अघुलनशील अवशेषों का उपयोग सीमेंट में मिलावट या अन्य दूषित पदार्थो की मात्रा को ज्ञात करने के लिए किया जा सकता है, सीमेंट कपसनजमक HCL में घुलनशील होती है, जबकि बालू अघुलनशील होती है, सीमेंट में अघुलनशील पदार्थो की मात्रा ही मिलावट की मात्रा को दर्शाती है, च्छ सीमेंट में अघुलनशील अवशेष के माध्यम से ही फ्लाई ऐश के प्रतिशत की उपस्थिति की मात्रा ज्ञात की जाती है ।

<u>*Burn ability index*</u>

C_3S का C_4AF एवं C_3A के मिश्रण के अनुपात को बर्नाबिलिटी इंडेक्स कहते हैं बर्नाबिलिटी इंडेक्स क्लिंकर के पकने या जलने का संकेत है,यदि इंडेक्स नंबर कम है तो क्लिंकर सरलता से जलेगा, बार्नबिलिटी इंडेक्स जितना अधिक होगा क्लिंकर को जलाना या पकाना उतना ही कठिन होगा, सामान्यतया बार्नबिलिटी फैक्टर 2.2 से 2.4 के बीच में होता है । इसे निम्न सूत्र से ज्ञात करते हैं.

$$Burnability\ Index\ (B.I.) = \frac{C_3S}{C_4AF + C_3A}$$

<u>*Burn ability factor*</u>

- यह क्लिंकर के बर्निंग को सूचित करता हैं यदि $Factor$ ज्यादा है तो क्लिंकर कठिनता से जलेगा
- यदि $Factor$ कम है तो क्लिंकर सरलता से जलेगा
- BF= 10 L.S.F. – 3SR - (MgO+Alkalies) or
- BF= 10 L.S.F.+ 6 (SR-2) – (MgO+Alkalies)

इसकी सीमा सामान्यतया 100 से 110 के बीच में होती है ।

<u>Learning Outcome 2</u>

Student will be able to test the consistency, setting time, compressive strength, fineness and soundness of cement.
Determination of consistency, setting time, Compressive strength, fineness and soundness of cement

---

<u>*Determination of standard consistency of Cement:*</u>

<u>Objective:</u> To determine the standard consistency of cement

Theory: हम सीमेंट की उचित मात्रा लेते हैं, और उसमें पानी मिलाते हैं, इस पूरी प्रक्रिया को एक साफ सुधरे स्थान पर करते हैं, इसमे पानी तब तक मिलाते है जब तक की स्वयं प्रतिरोध न उत्पन्न हो जाये।

- जब सीमेंट की स्टैंडर्ड Consistency ज्ञात करते है उस समय इस बने हुये पेस्ट को VICAT'S Apparatus के नीचे किसी नॉन porus material के ऊपर (काँच की समतल प्लेट में) रख देते हैं ।
- इसके पश्चात जो needle लगा होता है उसकी जगह पर हम plunger का उपयोग करते हैं।
- जब plunger5 से 7mm नीचे तक चला जाता है, तो सीमेंट की consistency सही है, नही तो सही नहीं है।
- इस प्रकार से हम सीमेंट की consistency ज्ञात करते हैं।

<u>Setting Time:</u>

प्रारभिक Setting time और अंतिम Setting time VICAT'S Apparatus से ज्ञात करने की विधि निम्नांकित है

<u>Required Material:</u>

     a. 400 gm Cement.
     b. Gauging travel
     c. Bottol measuring cylinder
     d. Vicat's apparatus

<u>Initial setting time:</u>

- 400 ग्राम सीमेंट में स्टैंडर्ड consistency का 0.85 पानी मिलातें हैं।
- इसके बाद 5 मिनट तक पानी को सीमेंट के साथ घोलना या stir करना चाहिए।
- सीमेंट के mould को vcat's apparatus के नीचे रख देते हैं।
- इसके बाद छन्नी की सहायता से छान कर पानी को अलग करके बचे हुये मटेरियल को समतल कर लेते हैं ।
- इस विधि का उपयोग काँच के प्लेट में उपयोग करते हैं।

- अब Vicat's apparatus की छड़ के निचले सिरे में 1mm परिच्छेद की सुई लगाकर उसे छड़ सहित सीमेंट की सतह पर धीरे धीरे अंदर घुसनें के लिए छोड़ दिया जाता है ।
- यह तब तक करते हैं, जब तक सुई mould के निचली सतह से 5.5 mm तक ऊपर नहीं आ जाता है।
- इसके कुछ समय बाद ऐसा समय आता है जब सुई mould के सतह से 5mm ऊपर रह जाती है।
- इस प्रक्रिया को पूर्ण होने मे जो समय लगता है उसे initial setting टाइम कहते हैं।

Final Setting Time:
- जब initial setting time का पता चल जाता है, तो इसके बाद vcat's apparatus के नीचे पूर्व की तरह बनाया गया एक और सीमेंट का mould रखते हैं।
- इसके बाद पूर्व विधि में उपयोग आने वाली Needle की जगह 1&5mm का angular attachment लागतें हैं।
- और वही तरीका अपनातें हैं जो की पिछली बार अपनाया था, इस प्रकार इसमें जो समय लगता है उसे final setting time कहते हैं।

Compressive Strength Test (संपीड़न क्षमता):
- 185 gm Cement में 555 ग्राम स्टैंडर्ड सैंड (standard sand) और 74 ग्राम पानी मिलाकर पेस्ट बनाया जाता है और इस पेस्ट में से $7.06CM^2$का cube किसी mould या साँचे में बना लिया जाता है ।
- 25–29 डिग्री सेल्सियस तापमान और 90 प्रतिशत आर्दता वाले कमरे में 24 घंटे के लिए रख देते हैं।
- अब जो cube हमने बनाया था उसे सांचें से निकाल कर साफ पानी में रख देते हैं।
- ध्यान ये देना है की cube में हमेशा पानी भरा रहनें देना चाहिए, या कह सकते हैं की पानी को सूखनें नहीं देना चाहिए।
- साधारण सीमेंट के लिए 3 दिन, 7 दिन बाद संपीड़न क्षमता (Compressive strength) समान्यतया 115 kg /cm2 और 175 kg /cm2 होना चाहिए ।

समय (जितनें दिन बाद टेस्ट किया गया)	साधारण सीमेंट kg/cm^2	RHC kg/cm^2	कम ऊष्मा देने वाली सीमेंट kg/cm^2
1 दिन बाद	-	115	-
3 दिन बाद	150	210	70
7 दिन बाद	175	-	115
28 दिन बाद	-	-	-

Quality of water:

$P = P_n/4 + 35$

$P = $ Dryसीमेंट के अनुसार पानी की पर्सेंटेज क्वालिटी

$P_n=$सामान्य सघनता के मिश्रण बनाने के लिए पानी की प्रतिशत मात्रा

Compressive strength in the
  3 days not less than 16N/mm2
  7 days not less than 22N/mm2
  28 days not less than 33N/mm2

Fineness:

एक ग्राम सीमेंट के द्वारा बनाये गए क्षेत्रफल को ही fineness कहा जाता है, इसे specific surface भी कहा जाता है , BIS के अनुसार सीमेंट की fineness कम से कम OPC के लिए 2260 CM^2 प्रति ग्राम, और PPC के लिए 3000 CM^2 प्रति ग्राम होना आवश्यक है ।

4. RHC और PPC में seive test के लिए बने हुए मटेरियल का weight5 % से अधिक नहीं होना चाहिए ।
5. अन्य सभी प्रकार के portland cement तथा PBPSC 10 % से ज्यादा नहीं होना चाहिए ।
6. air permilibilitymethod द्वारा specific surface 215 M^2 / kg से कम नहीं होना चाहिए ।

Fineness का प्रभाव:

- बारीक पिसा हुआ सीमेंट पानी के साथ जल्दी अभिक्रिया कर लेता है, और जल्दी strength (समर्थता) पकड़ता है।
- सीमेंट की ultimate strength पर उसका कोई प्रभाव नहीं होता है।
- अधिक बारीक पिसे हुये सीमेंट मे shrinkage अधिक होता है।
- सीमेंट की fineness को निम्नांकित विधियों के द्वारा ज्ञात किया जाता है।

सीमेंट की fineness को निम्नांकित विधियों के द्वारा ज्ञात किया जाता है।

a.   **By Sieve Analysis :**

एक अच्छी गुणवत्ता के सीमेंट में 90 माइक्रोन आकार के कण 10 प्रतिशत से ज्यादा नहीं होनी चाहिए।

90 माइक्रोन से बड़े सीमेंट कणों की संख्या निर्धारित करने के लिए या सीमेंट की fineness परीक्षण करने के लिए निम्नलिखित उपकरण का उपयोग किया जाता है।

1. 100g of cement (test sample)
2. Weighing balance/ weight machine which can weight with an accuracy of 1mg

3.   Standard Sieve of size 90 μm
4.   Sieve pan with lid
5.   Sieve Shaking Machine (optional)

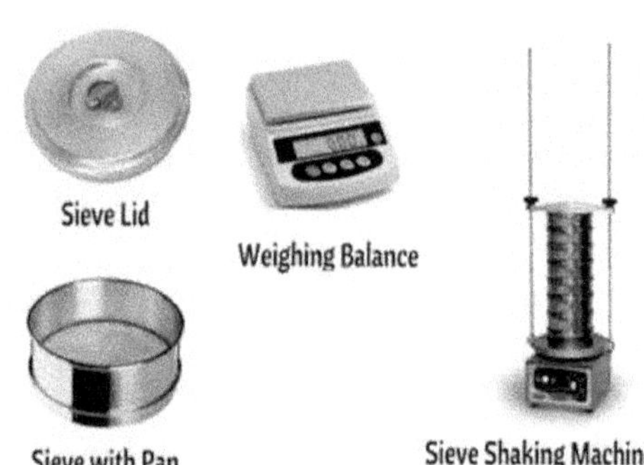

1.   सीमेंट का सैंपल लें और सीमेंट को अपने हाथों से रगड़ें। test sample गांठ (lumps) से मुक्त होना चाहिए।
2.   अब 100g सीमेंट लें और इसे W1के रूप में नोट करें।
3.   90 माइक्रोन की छलनी में 100 ग्राम सीमेंट डालें और ढक्कन से बंद कर दें।
4.   अब छलनी को दो मिनट के लिए छलनी हिलानें वाली मशीन में रखें।
5.   या की आप 15 मिनट के लिए अपने हाँधो से छलनी को हिला सकते हैं।
6.   अब छलनी में बचे हुए सीमेंट के कणों का वनज कर लेते हैं और इसे W2 के रूप में नोट करते हैं।
7.   फिर छलनी पर W2 वजन से कुल लिए गए सैंपल के वजन W1 से प्रतिशत की गणना करते हैं और यह प्रतिशत ही नब्बे माइक्रोन से अधिक आकार के कणों का प्रतिशत होता है।
8.   सीमेंट के तीन अलग–अलग नमूनों के साथ उपरोक्त प्रयोग को दोहराएं और सटीक परिणामों के लिए तीनों प्रतिशतो का औसत करें ।

The fineness of Cement Formula:-

$$\text{\% of Cement Retained on sieve} = (W_2/W_1) \times 100$$

b.   <u>By Specific Surface (Air Permiability method):</u>

Air Permiabilitymethod द्वारा Specific Surface 2250 m²/gm से कम नहीं होना चाहिए,

1 Kg Le –Bid metre method द्वारा specific surface की वैल्यू 1600 m²/gm से कम नहीं होना चाहिए।

a. Blank pergabelity apparatus, Cement bed से गुजरने वाली हवा की विभिन्न धारा से मैनोमीटर में उपस्थित liquid पर दबाव पड़ता है, जो की सीमेंटबेड से गुजरने वाली air पर निर्भर करता है, एयर के बहने की दर से specific surface ज्ञात की जा सकती है ।

b. फिल्टर पेपर नंबर 41 को डिस्क के ऊपर रखते हैं, तथा फिल्टर पेपर के ऊपर कुछ मात्रा में सीमेंट रखते हैं , तथा सीमेंट को प्लंजर के माध्यम से दबाते हैं, और अब प्लंजर को धीरे से हटा लेते हैं और प्लेट शैल को Manometer से जोड़ देते हैं।

c. Manometer के एक तरफ की भुजा को वायु रहित कर देते हैं, जिससे liquid मैनोमीटर के ऊपरी निशान को छू लेता है, अब liquid level नीचे की ओर गिरने लगता है और दूसरे निशान पर पहुंचने पर घड़ी को चालू कर देते हैं ।

d. और अब liquid का तीसरे निशान तक आने का इंतजार करते हैं, जब यह तीसरे निशान पर आ जाता है तो टाइमिंग नोट कर लेते हैं, तथा निम्नांकित सूत्र के माध्यम से specific surface ज्ञात कर लेते हैं।

Specific Surface = (F)/√T

जहांपर

F=Factor

T=Time

Determination of Soundness:

सीमेंट के कठोर होने के बाद इसके आयतन को बनाए रखने की क्षमता को सुदृढ़ता (soundness) कहते हैं, एक अच्छे sound सीमेंट के कठोर अवस्था में परिवर्तित होने के बाद आयतन में न्यूनतम बदलाव आता है।

इसे मुख्य रूप से दो निम्न विधि द्वारा मापा जाता है

a. Le-Chatelies Method
 i. Unhydrated Cement = 10 mm (Maximum)
 ii. Hydrated Cement = 5 mm (Maximum)
b. Auto Clave Method = 0.8% (Maximum)

Determination of Soundness by AutoClave method (IS:4031-PART 3-1988)

- दिए गए मोल्ड में खनिज तेल की एक हल्की परत लगा देते हैं (यह मोल्ड को सीमेंट में चिपकने से बचाता है), फिर किनारे लगे हुए adjustingscrew को इस तरह से set करते हैं की प्रभावी लम्बाई 250 मिमी हो जाए।

- दिए गए mould की साइज 25X25X282 mm रहती है, जिसमें से हमें 25X25X250 mm का नमूना या सैंपल बनाना होता है।

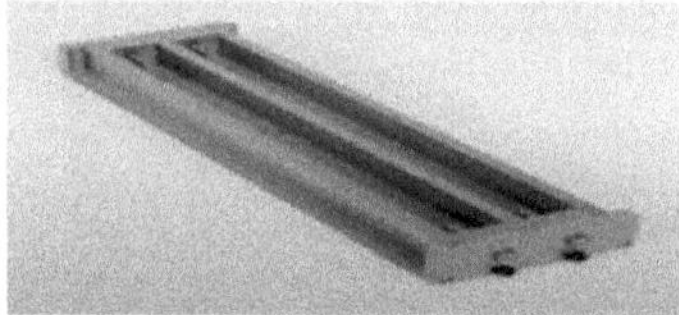

<u>Mould with adjusting screw (Size of mould 25X25X282 mm)</u>

- अब 500 ग्राम सीमेंट में पर्याप्त पानी मिलाकर एक मानक स्थिरता (standardconsistency) का पेस्ट बना लेते हैं ।
- अब पेस्ट को mould में भरकर अंगूठों से कोनों को दबाते हुए एक या दो परतों में भरें। और फिर ट्रॉवेल (trowel) से ऊपरी परत को चिकना करतें हैं।
- मोल्ड तैयार होने के बाद, इसे 24 घंटे की अवधि के लिए एक नम कमरे (जिसमें 90 % तक नमीं उपलब्ध हो) में स्टोर करें।

<u>Storage device (Moisturer room)</u>

- अब लगभग 24 ± 1/2 घंटे के बाद, नम वातावरण से नमूने को हटा दें, और इसकी लंबाई Lengthcomparator का उपयोग करके मापें माना यह (L_1) है ।

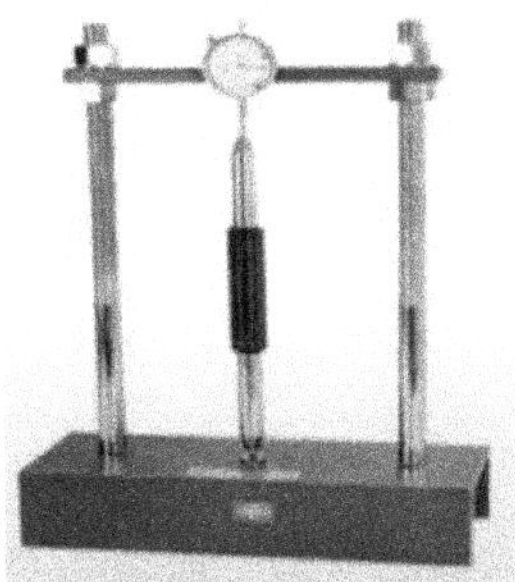

<u>Length Compensator</u>

- अब इसे आटोक्लेव मशीन के रैक में कमरे के तापमान पर इस तरह रखतें हैं, कि परीक्षण की पूरी अवधि के दौरान प्रत्येक नमूना भाप की वाष्प के संपर्क में रहे।

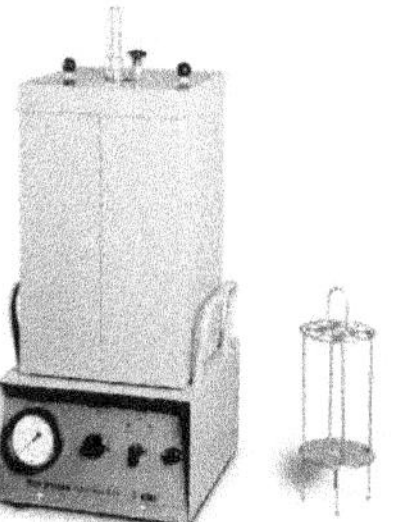

<u>Autoclave with sample holder</u>

- अब इसे धीरे धीरे गर्म करना शुरू कर देतें हैं, शुरुआती अवधि के दौरान अन्दर की हवा को आटोक्लेव से बाहर निकलने के लिए, VentValve को तब तक खुला छोड़ देतें हैं जब तक कि भाप बाहर न निकलने लगे।
- इसके बाद Vent valve को बंद कर देते हैं, और आटोक्लेव के तापमान को इस तरह से बढ़ातें हैं, कि हीट चालू होने के 1 से 1.5 घंटे के भीतर steamgauge का दबाव 2.1N/mm2 और तापमान 217±1.7 °C हो जाए, और इस दबाव को 3 घंटे तक बनाये रखतें हैं।
- 3 घंटे के बाद आटोक्लेव को बंद कर देते हैं और इसे इस तरह ठंडा होने देतें हैं ताकि एक घंटे में दबाव $0.1N/mm^2$ से नीचे चला जाए और फिर ventvalve को खोलकर इसे वायुमंडलीय दबाव में लेकर आतें हैं ।
- फिर आटोक्लेव से नमूनों को निकालकर ठन्डे पानी में रखतें हैं तो की फिर 15 मिनट में तापमान 27±2 °C हो जाए और फिर नमूने की सतह को सुखाकर उसकी लंबाई (L_2) माप लेते हैं।

$$\text{Soundness of Cement} = L_1\text{-}L_2$$

जहां पर,

L_1= एक नम कमरे में 24 घंटे की अवधि के बाद मापी गई लंबाई।

L_2= आटोक्लेव परीक्षण के पूरा होने के बाद मापी गई लंबाई।

- इस प्रकार प्रारम्भिक और अंतिम रीडिंग के बीच के अंतर को ही soundness कहा जाता है।

विभिन्न प्रकार की सीमेंट के लिए autoclave द्वारा expansion निम्नांकित हैं

STANDARD SPECIFICATIONS		
Type/Name Of cement	**Reference Indian Standard**	**Expansion%, (max.)**
OPC (33)	IS:269-1989	0.8
OPC (43)	IS:8112-1989	0.8
OPC (53)	IS:12269-1987	0.8
Rapid hardening	IS:8041-1990	0.8
Low heat cement	IS:12600-1989	0.8
Super sulphated	IS:6909-1990	Not specified
Portland pozzolana	IS:1489-1991(part 1)	0.8
PSC	IS:455-1976	0.8
High alumina cement	IS:6452-1976	Not specified
SRC	IS:12330-1988	0.8
Masonry cement	IS:3466-1988	1
IRS-T-40	Railway standards	0.8

Determination of Soundnessby Le-Catelier method

- Le–Cateliertest के लिए जिस apparatus का उपयोग किया जाता है, वह brassmaterial का बना होता है, इसमें एक smallslitcylinder होता है, जिसमे की स्प्रिंग brass0.5 mm, 30 mmdiameter तथा height30 mm होती है, इसमें एक पॉइंट इंडिकेटर (संकेतक) होता है वो 21.65 mm तक की reading माप सकता है।

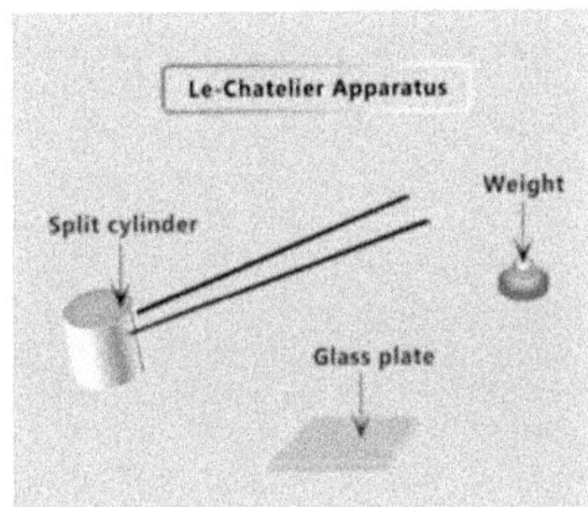

- परीक्षण करने से पहले ले–चौटलियर मोल्ड और कांच की प्लेटों में हल्का तेल लगाया जाता है, जो की सीमेंट को चिपकने से रोकता है।
- अब 100 ग्राम सीमेंट में पर्याप्त पानी मिलाकर एक मानक स्थिरता (standardconsistency) का पेस्ट बना लेते हैं ।
- सीमेंट पेस्ट को Le-Catelier Mould में भर देते हैं ।
- Mould या सांचे को कांच की प्लेट के टुकड़े से ढककर उसके ऊपर एक छोटा भार रख देते हैं।
- पूरी असेंबली को तुरंत 27 ± 2^oC के तापमान पर पानी में डुबोकर 24 घंटे के लिए रख देते हैं।
- फिर इसे पानी से निकलकर संकेतक बिंदुओं के बीच की दूरी को L_1 के रूप में मापते हैं।
- इसके बाद फिर से 27 ± 2^oC डिग्री सेल्सियस के पानी पर डुबोते हैं और पानी को इस तरह से गर्म करते हैं की वह 25 से 30 मिनट बाद उबलने लगे और फिर 3 घंटे तक लगातार उबलने देते हैं ध्यान रहे की, इस प्रक्रिया के दौरान Mould को पानी में डूबे रहने देना चाहिए।
- इसके बाद मोल्ड को पानी से निकालकर 27 ± 2^oC डिग्री सेल्सियस तक ठंडा करके संकेतक बिंदुओं के बीच की दूरी L_2 के रूप में माप लेते हैं ।

Expansion $= L_1-L_2$
यहाँ,
L_1 = 27 ± 2^oC पर पानी में 24 घंटे डाले रहने के बाद लिया गया माप
L_2 = उबलते तापमान के पानी में 3 घंटे डाले रहने के बाद लिया गया माप

इसका मान सामान्यतः निम्नांकित होना चाहिए
  i.   Unhydrated Cement = 10 mm (Maximum)
 ii.   Hydrated Cement = 5 mm (Maximum)

Learning Outcome 3 (Laboratory test by observation)

Determine the liter weight meter, insoluble residue and drying shrinkage. Determination of liter weight meter, residue and drying shrinkage. Laboratary test

----

Determination of liter weight meter:

लीटर वेट , क्लिंकर के घनत्व के माध्यम से क्लिंकर की बर्न एबिलिटी ज्ञात करने की एक अच्छी विधि है, इस विधि में क्लिंकर की साइज पांच से दस मिलीमीटर के बीच में होना चाहिए, यदि क्लिंकर का घनत्व 1100 ग्राम प्रति लीटर है तो यह सामान्य क्वालिटी का है, किन्तु यदि 1100 से कम हो तो यह अच्छी क्वालिटी का नहीं है, और 1300 ग्राम प्रति लीटर हो तो यह अधिक जला या ओवर बर्नड over burned या over fueled ओवर फ्यूलड क्लिंकर माना जा सकता है.

Procedure to calculate the liter weight of clinker

बीस से पच्चीस किलोग्राम क्लिंकर को बकेट कवेयर या DDPC से (जो की क्लिंकर स्टोरेज यार्ड में जा रहा है) एकत्रित करके , 10 मिलीमीटर चलनी (sieve) से छान कर एकत्रित कर लेते हैं, इसके बाद इसे 5 मिलीमीटर की छलनी से छान लेते है, जो मटेरियल छलनी में बच जाता है उसे एकत्रित कर लेते हैं, इस क्लिंकर की साइज पांच मिलीमीटर से दस मिलीमीटर के बीच में होती है, लगभग पांच किलोग्राम तक क्लिंकर को तैयार कर लेते हैं,

अब एक लीटर के पूर्व मापी हुई बकेट या जार में इस क्लिंकर को भर देते हैं, इस बकेट के ऊपर के भाग को एक वर्गाकार लोहे की प्लेट से समतल या फ्लैट कर देते हैं, अब इस भरे हुए बकेट को डिजिटल मपहीमत से तौल लेते हैं, अब इस पूरे वजन में से खाली बकेट के वजन को घटाने के बाद जो वजन प्राप्त होता है उसे ही लीटर वेट कहते हैं. सामान्यतया यह ग्राम प्रति लीटर में मापा जाता है।

Determination of insoluble residue:

अघुलनशील अवशेष पोर्टलैंड सीमेंट में पाया जानें वाला एक गैर–सीमेंट सामग्री है सीमेंट के गुणों , विशेष रूप से इसकी संपीड़न क्षमता (compressive strength) को प्रभावित करती है, भारतीय मानक IS 8112 : 2013 के अनुसार सीमेंट में अधिकतम चार प्रतिशत तक (by mass) insoluble residue हो सकता है ।

सीमेंट को एक विशेष हाइड्रोक्लोरिक अम्ल के साथ एक निश्चित समय तक शोधन या ट्रीटमेंट करने के बाद जो भी पदार्थ शेष बचता ळे उसे ही अघुलनशील अवशेष कहा जाता है।

----

or

अघुलनशील अवशेषों का उपयोग सीमेंट में मिलावट या अन्य दूषित पदार्थों की मात्रा को ज्ञात करने के लिए किया जा सकता है, सीमेंट diluted HCL में घुलनशील होती है, जबकि बाल अघुलनशील होती है, सीमेंट में अघुलनशील पदार्थों की मात्रा ही मिलावट की मात्रा को दर्शाती है, PPC सीमेंट में अघुलनशील अवशेष के माध्यम से ही फ्लाई ऐश के प्रतिशत की उपस्थिति की मात्रा ज्ञात की जाती है ।

अघुलनशील अवशेष को ज्ञात करने की विधि

1. सबसे पहले एक ग्राम सीमेंट का नमूना लेते हैं।
2. इसमें 25 मिली लीटर पानी और 05 मिलीलीटर हाइड्रोक्लोरिक एसिड को मिलाकर मिश्रण को घोल लेते हैं और यदि मिश्रण में कुछ बड़े कण दिख रहे हों तो इसे कांच के रॉड (Rod) के समतल भाग से मिश्रण को पीस लेते हैं।
3. इसके बाद 50 मिलीलीटर पानी मिलाकर मिश्रण को dilute करके 15 मिनट के लिए boiling तापमान के थोड़े कम तापमान पर गर्म करते हैं।
4. अब इसे फ़िल्टर पेपर से फ़िल्टर कर लेते हैं और गर्मपानी से residue को धो लेते हैं।
5. अब इस बचे हुए residue को 30 मिलीलीटर गर्म पानी और 2N वाले सोडियम कार्बोनेट के मिश्रण के साथ (लगभग पानी के बराबर आयतन में) मिलकर 10 मिनट के लिए Boiling temperature से कम तापमान पर 10 मिनट गर्म करते हैं।
6. इसके पश्चात् इसे dilute HCL (1:99) के साथ और अंततः गर्म पानी के साथ धोते हैं जब तक की Residue से क्लोराइड पूरी तरह से हट न जाए ।
7. इसके पश्चात नापी हुई क्रूसिबल में residue को 900 से 1000 डिग्रीसेल्सियस तापमान पर गर्म करने के बाद ठंडा करके वजन नाप लेते हैं।
8. इस तरह से वजन किया हुआ residue ही insoluble residue है।

Determination of Drying Shrinkage:

Aim:

सीमेंट में उपस्थित नमी की मात्रा में परिवर्तन के कारण कंक्रीट के नमूने की लंबाई में परिवर्तन या Dryingshrinkage को ज्ञात करने की विधि को बताया गया है,

IS Code for Drying Shrinkage Test of Concrete: - IS: 1199 – 1959

Apparatus

इस विधि में उपयोग आने वाले उपकरण निम्नांकित हैं

1. Mould
2. Oven
3. Curing tank
4. Length Comparator: यह एक लंबाई मापने वाला उपकरण जिसमें एक डायल गेज होता है और यह लंबाई को 0.005 मिमी की शुद्धता तक मापने में सक्षम होता है। (जिसे नीचे दिखाया गया है)

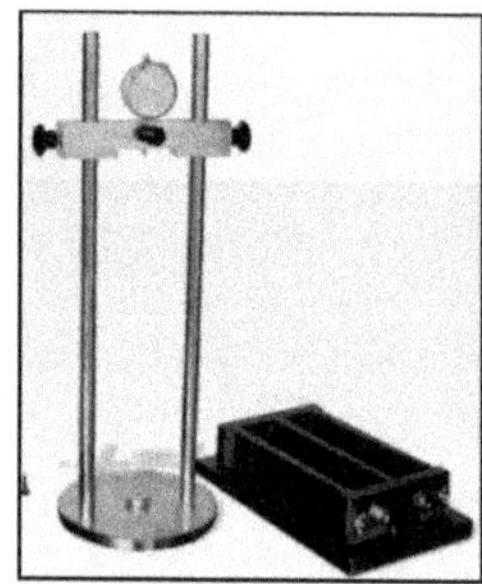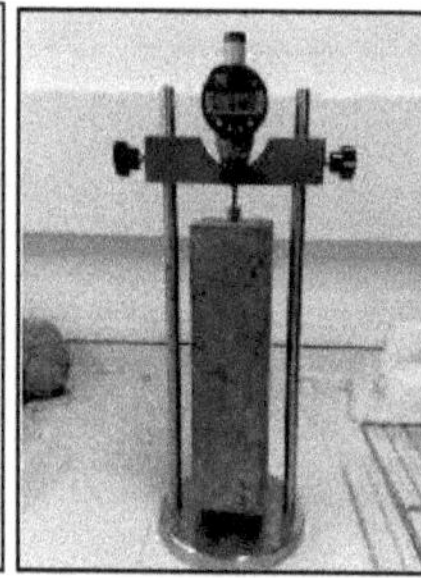

Mould & Length Comparator

1. सीमेंट के एक आयताकार गीले नमूने के वजन और उसके सूखने के बाद लिए गए वजन के अंतर को Drying shrinkage कहते हैं, और जिसे लम्बाई के परिवर्तन के प्रतिशत (percentage of change in length) के माध्यम से दिखाया जाता है।
2. सीमेंट मे निश्चित मात्रा में पानी मिलाकर पेस्ट बना लिया जाता है, और एक मोल्ड में दो परतों को दबाकर (Double Layer Compaction) एक नमूना (Sample) बनाया जाता है, जिसका आकर 7.5 cm X 7.5 cm X 15 cm या की 7.5cm X 7.5cm X 30cm होता है और इसे 3-7 दिनों के Controlled curing के बाद उपयोग करते हैं।
3. इसके पश्चात मोल्ड से नमूने को निकालें और कंक्रीट बनने के बाद 28 दिनों के लिए (या अन्य समय जो भी निर्दिष्ट किया गया हो), मोल्ड को पानी में 25 डिग्रीसेल्सियस से 29 डिग्री सेल्सियस पर रखें और पानी से हटा दें और बार की लंबाई (L1) को मापें।
4. अब बार (नमूने) को तापमान 49°C से 51°C और आर्द्रता 17% RH पर 44 घंटे के लिए और फिर 4 घंटे ठंडा करके यह प्रक्रिया दोहराई जाती है और निरंतर लंबाई प्राप्त होती है, और फिर इस लम्बाई (L2) को माप लेते हैं।

Calculation:

अंतिम लम्बाई L2 और प्रारंभिक लम्बाई L1 के अंतर के प्रतिशत को ही Drying Shrinkage कहते है इसे निम्न सूत्र के माध्यम से ज्ञात कर सकते हैं.

$$\text{Dry shrinkage \%} = \frac{L_1 - L_2}{L_2} X\ 100\ \%$$

- इस तरह से हम Drying Shrikage ज्ञात करते हैं। Shrinkage की अधिकतम सीमा 1 से 1.5% होती है।

Learning Outcome 4

Safety precautions while performing experiments.

Instructions related with safety precautions during experiments.

प्रयोगशाला में दुर्घटनाओं से बचने के लिए कुछ सामान्य नियम बनाये गए हैं जो की व्यवहार, स्वच्छता और सुरक्षा जानकारी प्रदान करते हैं

सामान्य नियम

1. प्रयोगशाला में काम करने के लिए कुछ सामान्य स्थानों जैसे safety shower, eye shower, अग्नि शामक यंत्र आदि के स्थानों की जानकारी होना चाहिए ।
2. हमेशा ठीक से हवादार क्षेत्रों में काम करें।
3. आपातकालीन बाहर निकलने के स्थान की जानकारी होना चाहिए ।
4. त्वचा और आंखों को रसायनो के संपर्क से बचाना चाहिए ।
5. अज्ञात विषाक्तता के सभी रसायनों को अत्यधिक विषाक्त मानना चाहिए ।
6. प्रयोगशाला में शांति पूर्वक व्यवहार करें।
7. सभी फायर अलार्म और सुरक्षा संकेतों को पढ़ना सुनिश्चित करें।
8. दुर्घटना या आपातकाल की स्थिति में निर्देशों का पालन करें।
9. सुनिश्चित करें कि आप अपनी सुविधा ऽ भवन की निकासी प्रक्रियाओं से पूरी तरह अवगत हैं।
10. सुनिश्चित करें कि आप अपने लैब के सुरक्षा उपकरण (जिनमें प्राथमिक चिकित्सा किट (ओं), अग्निशामक यंत्र, आई वॉश स्टेशन और सुरक्षा शॉवर्स शामिल हैं) आदि का उपयोग ठीक से करना जानते हैं।
11. किसी आपातकाल स्थिति में मदद करने के लिए आपातकालीन फोन नंबरों की जानकारी होना सुनिश्चित कर लें।
12. कंटेनरों में केमिकल्स को कभी खुला न छोड़ैं
13. रसायनों को जानें अनजानें में नहीं सूँघें।
14. प्रयोगशाला छोड़ने से पहले त्वचा के संपर्क में आने वाले क्षेत्रों को धो लें।
15. प्रयोगशाला में चश्मे का उपयोग करना चाहिए ताकि केमिकल और पार्टिकल्स आदि का आँख में जाने का खतरा कम हो जाए पैरों में जूते हमेशा उपयोग करना चाहिए छिद्रित जूते या चप्पल का उपयोग नहीं करना चाहिए।
16. किसी भी काम की शुरुआत करने से पहले संभावित खतरों और उचित सुरक्षा सावधानियों का निर्धारण करें।
17. रसायनों को नालियों में न डालें। रासायनिक अपशिष्ट निपटान के लिए सीवर का उपयोग न करें।
18. वाष्पीकरण और वाष्पशील सॉल्वैंट्स के निपटान के लिए fume hoods का उपयोग न करें।
19. यदि आप प्रयोगशाला में किसी भी असुरक्षित स्थिति को देखते हैं, तो अपने पर्यवेक्षक को जल्द से जल्द बताएं।
20. सभी चोटों, दुर्घटनाओं, और टूटे उपकरणों या कांच को तुरंत रिपोर्ट करें, भले ही घटना छोटी या महत्वहीन लगती हो।
21. लैब छोड़ने या खाने से पहले, हमेशा अपने हाथ धोएं।

---

22. एक प्रयोग करने के बाद, आपको हमेशा अपने हाथों को साबुन और पानी से धोना चाहिए।
23. लैब उपकरण और रसायनों का उपयोग करते समय, अपने हाथों को अपने शरीर, मुंह, आंखों और चेहरे से दूर रखना सुनिश्चित करें।

हाउसकीपिंग सुरक्षा नियम

1. अपने कार्य क्षेत्र को हमेशा साफ और स्वच्छ रखें।
2. सुनिश्चित करें कि सभी आई वॉश स्टेशन, आपातकालीन शावर, अग्निशामक और निकास हमेशा अबाधित और आसानी से उपलब्ध है ।
3. केवल अपने काम के लिए आवश्यक सामग्री को अपने कार्यक्षेत्र में रखा जाना चाहिए। बाकी अन्य सामग्रियों को सुरक्षित तरीके से अन्य जगह रखा जाना चाहिए।
4. केवल हल्के सामान को अलमारियाँ के ऊपर रखा जाना चाहिएए भारी वस्तुओं को हमेशा सबसे नीचे रखना चाहिए।

Dress code Safety Rules

1. सुनिश्चित करें कि ढीले कपड़े या लटकते हुए गहनों को पहनना सुरक्षित हैं, हो सके तो पहनने से बचें।
2. लैब में कभी भी सैंडल या अन्य खुले जूते न पहनें। जूते इस तरह पहनने चाहिए की पैर को पूरी तरह से ढक लें।
3. लैब में कभी शॉर्ट्स या स्कर्ट न पहनें।

Personal protection safety rules

कर्मचारियों को विभिन्न खतरों से बचाने के लिए लैब में पीपीई पहनना चाहिए
1. जब कभी उपकरणों, खतरनाक सामग्री, कांच के बने पदार्थ, गर्म या रसायनों के साथ काम करें उस समय हमेशा चेहरे की ढाल (face shield) या सुरक्षा चश्मा पहनें।
2. किसी भी जहरीले या खतरनाक एजेंट को संभालते समय, हमेशा उचित दस्ताने पहनें।
3. प्रयोगशाला प्रयोग करते समय, आपको हमेशा एक स्मॉक या लैब कोट पहनना चाहिए।
4. **हेलमेट निम्न परिस्थितियों में पहनना चाहिए**
    • फोर्कलिफ्ट ट्रक और ओवरहेड क्रेन का उपयोग 2 मीटर से ऊपर उठाने के लिए किया जा रहा है;
    • कोई भी व्यक्ति 2 मीटर से ऊपर काम कर रहा हैय
    • एक जोखिम मूल्यांकन में हेलमेट की आवश्यकता को निश्चित किया गया हो ।
5. **सुरक्षा चश्मा निम्न परिस्थितिओं में पहना जाना चाहिए**
    •किसी भी कार्यशाला उपकरण का उपयोग करना
    • उड़ने वाली वस्तुओं का खतरा है
    • परीक्षण किया जा रहा है
    •एक जोखिम मूल्यांकन में सुरक्षा चश्मा की आवश्यकता को निश्चित किया गया हो ।
6. **सुरक्षा मास्क निम्न परिस्थितियों में पहना जाना चाहिए ।**

- किसी भी सीमेंट या पाउडर का उपयोग कर रहे हों ।
- किसी पदार्थ को काटने से धूल निकलते समय ।
- एक जोखिम मूल्यांकन में सुरक्षा मास्क की आवश्यकता को निश्चित किया गया हो ।

7. **Overall (चौगा) या एप्रोन को निम्न परिस्थितियों में पहना जाना चाहिए**
    - जब एक गर्म स्रोत का उपयोग किया जा रहा हो, जैसे कि वेल्डिंग और गैस काटनाय
    - जब ढीले कपड़ों को मशीनरी द्वारा फसनें की सम्भावना हो
    - जोखिम मूल्यांकन मेंOverall (चौगा) या एप्रोन की आवश्यकता को निश्चित किया गया हो
      ।

आग लगने की स्थिति में

1. निकटतम फायर अलार्म को तुरंत चालू कर दें और , प्रयोगशाला को छोड़ सुरक्षित स्थान पर जाएंय
2. यदि आप आग बुझाने के उपकरणों को चलाना जानते हों तो ही उपलब्ध उपकरणों का उपयोग कर केवल आग पर हमला करें,
3. यदि आप आग क्षेत्र की ओर नहीं चल रहे हैं या उसके पास नहीं हैं तो एक अंतरिम अलार्म ध्वनि सुनने पर, सभी व्यक्तियों को अपना काम जारी रखना चाहिए और आगे के निर्देशों के लिए तैयार रहें। आप जिस क्षेत्र में हैं, वहां से न निकलें।
4. निरंतर अलार्म सुनने पर, सभी व्यक्तियों को निकटतम निकास द्वार से बहार निकलकर सुरक्षित स्थान पर आगे बढ़ना चाहिए।

Electrical Safety rules

लगभग हर दूसरे कार्यस्थल की तरह, प्रयोगशालाओं में इलेक्ट्रॉनिक उपकरण होते हैं, विद्युत सुरक्षा नियम इलेक्ट्रॉनिक उपकरणों, बिजली के झटके और अन्य खतरों को रोकने में मदद करते हैं और यह सुनिश्चित करते हैं कि किसी भी क्षतिग्रस्त उपकरण, डोरियों, या प्लग को उपयुक्त अधिकारियों को बता दिया गया है ताकि उन्हें मरम्मत या प्रतिस्थापित किया जा सके।

1. किसी भी उच्च वोल्टेज उपकरण (50V एसी और 50V डीसी से ऊपर वोल्टेज) का उपयोग करने से पहले, सुनिश्चित करें कि आपको अपने प्रयोगशाला पर्यवेक्षक से अनुमति प्राप्त हो।
2. उच्च वोल्टेज उपकरण को कभी भी किसी भी तरह से बदला या परिवर्तित नहीं किया जाना चाहिए।
3. हमेशा एक उच्च वोल्टेज बिजली की आपूर्ति बंद करें जब आप इसे जोड़ रहे हों।
4. किसी भी उच्च वोल्टेज उपकरण को सुधारते समय केवल एक हाथ का उपयोग करें। अपने दूसरे हाथ को अपनी पीठ के पीछे या जेब में रखना सबसे सुरक्षित है।
5. सुनिश्चित करें कि सभी विद्युत पैनल अबाधित और आसान पहुँच में हैं।
6. एक्सटेंशन डोरियों का उपयोग करने से जितना हो सके उतना बचें।

<u>Chapter:05</u>

<u>Learning Outcome 1:</u>
Define the pyro processing with chemical reactions during clinker burning and describe the proximate and ultimate analysis of coal

Pyro Processing in kiln section, Reaction of clinkerisation process at different temperature in the preheater and kiln (chemical transformation). Flow of raw materials and hot gases in Kiln section, specifications of kiln. Classification of fuels, characteristics of good fuel, analysis of coal, proximate analysis, ultimate analysis, orsat gas analysis.

<u>Pyro Processing in kiln Section:</u>
Pyroprocessing (ग्रीक fire = अग्नि से) एक ऐसी प्रक्रिया है जिसमें किसी पदार्थ में रासायनिक या भौतिक परिवर्तन को लाने के लिए उसको उच्च तापमान (आमतौर पर $800°C$ से ऊपर पर गर्म किया जाता है।

Pyroprocessing के अंतर्गत Ore-roasting, calcination and sintering आदि process शामिल होती हैं।

Pyroprocessing के लिए उपयुक्त equipments kilns, electric arc furnaces and reverberatory furnaces शामिल होती हैं।

Cement plant में raw meal को Pre-Calciner और kiln में डालकर गर्म किया जाता है और वहाँ पर pyroprocessing होती है।

अधिकांश उद्योगों में इस प्रक्रिया में सर्वाधिक ऊर्जा का उपयोग होता है।

<u>Reaction of Clinkerisation Process at different temperature in the preheater & Kiln (Chemical transformation)</u>
कच्चे माल का उपयोग करके क्लिंकर बनाने की एक प्रक्रिया को सीमेंट प्लांट में क्लिंकराइजेशन (Clinkerization) कहा जाता है, क्लिंकराइजेशन के दौरान कई रासायनिक प्रतिक्रियाएं शामिल हैं, जो की निम्नांकित figure में दिखाया गया है।

Pyroprocessing reactions by zone

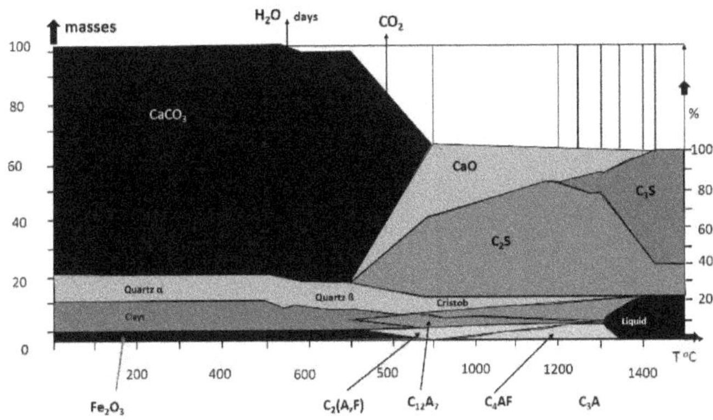

Evaporation Zone (between 100-400 ^0C):

इस जोन में पानी का वाष्पीकरण होता है, और इस परिवर्तन के दौरान 44.2 kj/ mol ऊर्जा उत्सर्जित होती है

H_2O (l) + Heat $\rightarrow$ H_2O (g) { $\Delta H = 44.2kJ/Mol$)

Dehydration Zone (Between 350-650 ^0C):

इस जोन (क्षेत्र) में मिट्टी, क्रिस्टलीकरण के अपने पानी को खोना शुरू कर देती है, समीकरण निम्नानुसार है:

$2SiO_2$ Al_2O_3 $2H_2O$ Heat $\rightarrow$ $2SiO_2$ Al_2O_3 + 2 H_2O { $\Delta H = +202kJ/Mol$)

At 400^{0}C :

इस तापमान पर मैग्नीशियम कार्बोनेट केवल वायुमंडलीय दाब पर ही अपघटित (डीकम्पोज) हो जाता है.

$$MgCO_3 + Heat \rightarrow MgO + CO_2 \qquad \{ \Delta H = +117 \text{ kJ/Mol})$$

कार्बनिक यौगिकों और सल्फाइड्स का आक्सीकरण और वाष्पीकरण होने लगता है

$$2FeS_2 + 7/2 \ O_2 \rightarrow Fe_2O_3 + 4SO_3$$

At 550^{0}C :

इस तापमान में $CaCO_3$ अपघटित होने लगता है , और अम्लीय वातावरण $CaCO_3$ के मॉलिक्यूल्स के टूटने के लिए उपयुक्त होता है

Decarbonation Zone

At 900⁰C :

इस जोन में $CaCO_3$ तीव्र गति से CaO एवं CO_2 में अपघटित होता है

$$CaCO_3 \rightarrow CaO + CO_2 \qquad \{ \Delta H = 178.2.2 kJ/Mol)$$

अधिक मुक्त चूना (लाइम) $SiO2$ एवं Al_2O_3 से प्रतिक्रिया करने लगता है

$$3CaO + SiO_2 \rightarrow 2CaO.SiO_2 \qquad \{ \Delta H = -125.9\ kJ/Mol)$$
$$3CaO + Al_2O_3 \qquad \rightarrow 2CaO.\ Al_2O_3$$
$$3CaO + Fe_2O_3 \rightarrow 2CaO.\ Fe_2O_3 \qquad \{ \Delta H = -31\ kJ/Mol)$$

फ्री CaO, SO_3 के साथ मिलकर anhydrite का निर्माण करता है ।

$$CaO + SO_3 \rightarrow CaSO_4$$

यह anhydrite मिटटी में उपस्थित alkali से अभिक्रिया करके अल्कली सलफेट बानाता है

- $CaSO_4 + Na_2O \rightarrow CaO + Na_4SO_4$
- $CaSO_4 + Na_2O \rightarrow CaO + K_2SO_4$ Or $3K_2SO_4\ Na_2SO$

SO_3 की मात्रा सामान्यतया alkali के साथ अभिक्रिया करने के लिए कम पड़ जाती है

- $Na_2O + C_3A \rightarrow NaC_8A_3$
- $K_2O + C_2S \rightarrow KC_{23}S_{12}$

Clinkerising Zone

At 900⁰C :

बेलाइट का निर्माण पूर्ण हो जाता है
$$2CaO + SiO_2 \rightarrow 2CaO\ SiO_2 \qquad \{ \Delta H = -125.9\ kJ/Mol)$$
लाइम में $C12A7$ की मात्रा ज्यादा हो जाने के कारण ये $C3A$ में बदल जाता है

C_2A और C_2F मिलकर एक सॉलिड या कठोर मिश्रण बना लेते हैं
$$C_2A + C_2F \rightarrow C_4AF \qquad \{ \Delta H = -50.4\ kJ/Mol)$$

Between 1250 ⁰C to 1450⁰C :

$C_2A\ and\ C_4AF$ द्रव्य के रूप में बदलकर फ्लक्स को बनाते हैं, और इस फ्लक्स की उपस्थिति में C_2S वहाँ पर उपस्थित CaO के साथ अभिक्रिया करके C_3S बनता है, जो की नाड्लर के रूप में बन जाता है
$$CaO + C_2S \rightarrow C_3S \qquad \{ \Delta H = +8\ kJ/Mol\}$$

अल्कली सल्फेट अपघटित होकर अल्कली और SO_2 में अलग हो जाता है
$R_2SO_4 + Heat \rightarrow R_2O + SO_2 + 1/2\ O_2 \uparrow$
ऐनहाईड्राइट अपघटित होकर CaO और SO_2 में अलग हो जाता है
$CaSO_4 + Heat \rightarrow CaO + SO_2 \uparrow + 1/2\ O_2 \uparrow \ \{\Delta H = +490\ kJ/mol\}$
फेरिक ऑक्साइड घटते वातावरण में फेरस ऑक्साइड में परिवर्तित हो जाता है
$Fe_2O_3 + Heat \rightarrow 2FeO + 1/2\ O_2 \uparrow$

Cooling Zone

At 1400 ^{0}C to 1250^{0}C :

- C_2S क्रिस्टलीकृत होकर अत्यधिक hydrolizableC_2S के रूप में परिवर्तित हो जाता है ।
- C_3A एवं C_4AF का क्रिस्टलीकरण हो जाता है और अंततः पिघला हुआ सल्फेट क्रिस्टलीकृत हो जाता है ।

Chemical Transformation in the thermal treatment of Portland cement in raw mix

Sl No.	Temperature range	Reaction / changes occurs in raw mix	
1.	100-200 ^{0}C	Drying (Escape of free water)	Evaporation zone (between 100-400^{0}C:
2.	100-400 ^{0}C	Escape of absorbed water	H_2O (l) + Heat $\rightarrow$ H_2O (g) { $\Delta H = 44.2 kJ/Mol)$
3.	400-500 ^{0}C	Decomposition or dissociation of $MgCO_3$	Dehydration zone
4.	500-750 ^{0}C	Decompsition of clay and formation of Metakaolinite $Al_4((OH)_8Si_4O_{10}) \rightarrow 2 (Al_2O_3.\ 2SiO_2) + 4H_2O$	(between 350-650 ^{0}C: Clay starts to lose its water of crystallization: $2SiO2\ Al2O3\ 2H2O\ Heat \rightarrow 2SiO2\ Al2O3 + 2\ H2O$ { $\Delta H = +202 kJ/Mol)$
5.	600-900 ^{0}C	Decomposition of metakaolinite and other compounds $Al_2O_3.2SiO_2 \rightarrow Al_2O_3. +2SiO_2$	At 400^{0}C : • Magnetium Corbonat's decomposition pressure reaches atmospheric pressure at this tempreture : $MgCO3 + Heat \rightarrow MgO + CO_2$ { $\Delta H = +117 kJ/Mol)$
6.	800-1000 ^{0}C	Decomposition of Lime ➢ $CaCO3 \rightarrow CaO + CO_2$ ➢ $3CaO + SiO_2 + Al_2O_3 \rightarrow$ $2(CaO.SiO_2)$ monocalcium silicate + $CaO.Al_2O_3$ Monocalcium alumina	

| 8. | 800-1300 ^{0}C | Formation of C_4AF
➤ $CA+3C+F \rightarrow C_4AF$ (at 1200 ^{0}C)
➤ $CaSiO_2 + CaO \rightarrow 2CaSiO_2$ (C_2S)
➤ $CS+C \rightarrow C_2S$
➤ $3C+A \rightarrow C_3A$ | • Vaporization and oxidation of organic compounds in sulphides |
| 9. | 1250-1450 ^{0}C | Formation of C_3S
➤ $C_2S+C \rightarrow C_3S$
➤ 1200^0C Temperature को क्लिंकरिंग(Clinkering temperature) तापमान भी कहते हैं | |

Preheating and Burning Process of Clinker

- Dryprocess, wet Processand Semi dry process इन तीनों process का मुख्य उद्देश्य क्लिंकर बनांने के लिए रॉमिक्स को जलाना (Burning) है

- शुद्ध लाइम और सिलिका को 2:8:1 के अनुपात में burning या जलाने या गर्म करने पर यह $100\,\%\,C_3S$ देता है , लेकिन इसे 1600 डिग्री सेंट्रिग्रेट पर काफी समय तक गर्म करना पड़ता है

- परन्तु प्रयोगिक तौर पर इस तरह की आदर्श परिस्थिति को प्राप्त करना संभव नहीं है इसलिए यह जरूरी है की इस mixture में अभिक्रिया कराने के लिए हम कोई fluxing agent मिलाते हैं जो की इस अभिक्रिया को कम तापमान में और कम समय में ही संभव बना सके

- Alumina, IronOxide, magnesia और alkalies जो raw mix में उपस्थित रहतें हैं, कुछ हद तक fluxingagent की तरह काम करते हैं,इन oxides को यदि एक निश्चित मात्रा में मिलाया जाये तो यह kiln में होने वाली अभिक्रिया के समय को कम कर देता है और बर्निंग temperature रेंज को भी कम कर देतें हैं

- आगे 900 डिग्री टेम्प्रेचर raw mix जब गरम होता है तो $CaCO_3$ Dissociate अलग हो जाता है CaCO3 के अलग होने पर evolve हो जाती है, और जब CaO.Silica,Alumina और IronOxide के बीच combination या रिएक्शन शुरू हो जाता है

- सबसे पहले जितना Fe_2O_3 रॉ मिक्स में उपस्थित रहता है वह अलुमिना के कुछ मात्रा और lime के साथ मिलकर 1200 डिग्री केल्सियस C_4AF बनता है

- C_4AF का बनना यह दर्शाता है की kiln का बर्निंग जोन (burning zone) शुरू हो गया है ,C_4AF द्रवीय रूप में रहता है, बाँकी बचा हुआ loosepowderymass ज्यादा coherent रहता है , और kiln में पदार्थ का मूवमेंट ज्यादा sluggish बन जाता है।

- इसी समय$C3S$ बनाने के लिए सिलिका का कुछ पार्ट CaO के साथ Combine होता है।

- तथा बचा हुआ अलुमिना CaO के साथ मिलकर C_3A बनता है।

- अब मटिरियल ज्यादा liquidform मे है तो क्लिंकर का नूडल nodulesformationStart हो जाता है, जैसे जैसे मटिरियल kiln में pass होता है तो सारा बचा हुआ सिलिका CaO के साथ मिलकर C_3S एवम C_2S बनता है।
- वास्तविक रूप से kiln का keringzone यहीं से स्टार्ट हो जाता है। यह kering zone उस पॉइंट तक होता है जब तक की पूरा लाईम C_2S के साथ मिलकर C_3S न बन जाये, और फ्री लाईम थोड़ा सा ही बच जाए।
- इस समय क्लिंकर बर्निंग जोन को छोड़कर cooling जोन मे चला जाता है।

Chemical Transformation in the thermal treatment of Portland cement in raw mix

S. No.	Name of Compound	Chemical Formula	Observed used	Average	Setting Time
1	Tricalcium aluminate	$3CaO.Al_2O_3$	C_3A	1%	1 Days
2	Tetracalcium alumina ferrite	$4CaO.Al_2O_3.Fe_2O_3$	C_4AF	9%	9 Days
3	Tricalcium Silicate	$3CaO.SiO_2$	C_3S	45%	7 Days
4	Dicalcium Silicate	$2CaO.SiO_2$	C_2S	25%	28 Days
5	Gypsum	$CaSO_4 . 2H_2O$		5%	
6	Magnesia	MgO		4%	
7	Calcium Oxide	CaO		2%	

Flow of raw materials and hot gases in Kiln section

Mass and heat balance of cement kiln:

आमतौर पर शुष्क प्रक्रिया kiln system में Rotary भट्टा से गर्म गैसों द्वारा feed सामग्री को पहले से गरम किया जाता है, ऊर्जा दक्षता में सुधार के लिए प्री–कैल्सीनर में एक माध्यमिक बर्नर स्थापित किया जाता है, रोटरी भट्टा (काउंटर) प्रवाह रिएक्टर में पहले से गरम और पूर्वनिर्मित सामग्री का उपयोग किया जाता है), ईंधन और हवा को एक साथ विपरीत दिशाओं में प्रवाहित किया जाता है, और ठोस फीड सामग्री को अत्यधिक उच्च तापमान पर गर्म किया जाता है, और इस तापमान पर प्रतिक्रिया करके सिलेंडर में गांठदार क्लिंकर बनता है। क्लिंकर 1350 डिग्री सेल्सियस के तापमान पर बनता है, और एक क्रॉस फ्लोइंग सिस्टम द्वारा 120 डिग्री सेल्सियस से कम के तापमान तक ठंडा किया जाता है, कुछ ठंडी गर्म हवा किलेन में जाती है, कुछ प्री–कैल्सीनर में और बाकी बाहर। . बाहर चला जाता है।

Exit Gas Calculation

a. CO_2 from Calcination (LOI):

$$LOI = \frac{0.786C+1.092M}{100} \text{ Kg/ Kg of Dry RM}$$

$$= \frac{0.786C+.092M}{100} \times \frac{100}{100-L} \text{ Kg/ Kg of Dry RM}$$

Typical value   = 0.533 kg/kgkk

=0.35 kg/kg RM

=0.272 Nm3/kgkk

b. H_2O from slurry Moisture

$$H_2O \quad = \quad \frac{SM}{100-SM} \text{ Kg/Kg dry RM}$$

Typical value   = 0.865 kg/kgkk

=1.08 Nm3/kgkk

c. H_2O From water spray

WS liters/kgkk= WS kg/kgkk

Typical value   = 0.1 kg/kgkk

=0.124 Nm3/kgkk

d. Excess air

$$EA= \frac{KEGN \; X \; OXY}{21-OXY}$$

Typical value   =0.105 Nm3/kgkk

Specifications of kiln.
Rotary Kiln:

इसे क्लिंकर किलन भी कहा जाता है इसे मुख्यतया dry प्रोसेस सीमेंट किलन और wet प्रोसेस सीमेंट किलन में विभाजित किया गया है ड्राई प्रोसेस रोटरी किलन में मुख्यतया निम्न भाग पाए जाते हैं ।

1- Shell (body)& Tyre
2- Supporting device (carry roller)
3- Transmission device (gearing)
4- Lubrication device
5- Moving kiln head (thrust roller)
6- Sealing device for kiln tail
7- Burning device

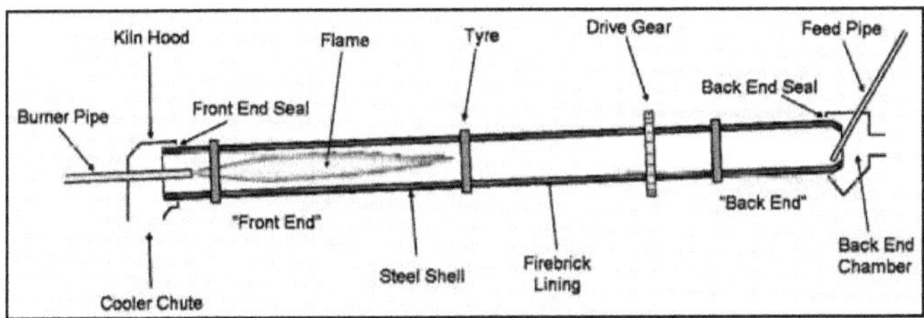

ड्राई प्रोसेस सीमेंट किलन का फायदा यह है की इसमें बहुत साधारण स्ट्रक्चर, विश्वसनीय संचालन (Reliable operation), और आटोमेटिक कन्ट्रोल होता है ।

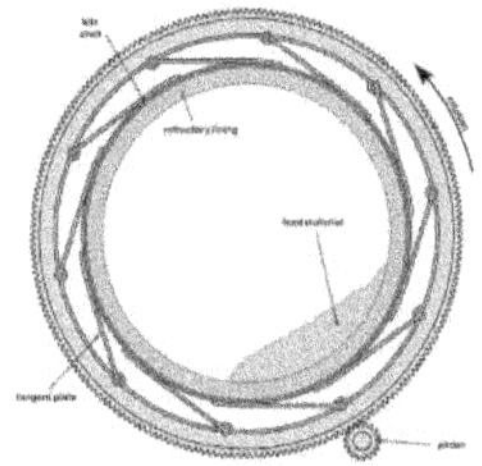

- किलन के संचालन के दौरान पिसे हुए कोयले को किलन के अंदर जलाकर heat या तापमान उत्पन्न किया जाता है।
- इस उत्पन्न तापमान से मटेरियल को गर्म किया जाता है (जो की गैस कंडक्शन/रेडिएशन से होता है) ।
- इसी दौरान किलन अपने डिजाइन इंक्लिनेशन / झुकाव और गति से घूमती है, और मटेरियल धीरे धीरे आगे की ओर बढ़ता है ।
- रॉ मटेरियल किलन के एक हिस्से से दूसरे हिस्से तक पहुंचने के समय यह निश्चित कर लिया जाता है की मटेरियल पूरी तरह से पक (Calcined) गया है, जिसके कारण सीमेंट की गुणवत्ता बनी रहे ।

Zone	Description	Target (wet)	Target (dry)
Free	Zone length (ratio to kiln diameter)	1.0 to 1.5	1 to 1.5
Dust	M^2/m^3	11.0 to 15.0	11.0 to 15.0
	Chain length (% of kiln diameter)	<75%	<75%
Plastic	Zone length (ratio to kiln diameter)	1.0 to 4	NA
	M^2/m^3	5.0 to 8.0	NA

	Chain length (% of kiln diameter)	60% to 75%	NA
Pre heater lower section	Zone length (ratio to kiln diameter)	0.5 to 2.5	0.5 to 2.5
	M^2/m^3	7.0 to 10.0	7.0 to 10.0
	Chain length (% of kiln diameter)	70%	70%
Pre heater upper section	Zone length (ratio to kiln diameter)	0.5 to 2.5	0.5 to 2.5
	M^2/m^3	7.0 to 8.5	7.0 to 8.5
	Chain length (% of kiln diameter)	70%	70%
Radiation	Zone length (ratio to kiln diameter)	1	1
	M^2/m^3	8.5 to 11.0	8.5 to 11.0
	Chain length (% of kiln diameter)	70%	70%
Global m^2/mtpd		2.5-2.8	2.3-2.6
Global kg/mtpd		110-130	105-110
Global length	Ratio to kiln diameter	6-10	5-8
Global length	% kiln length	18-25%	17-22%

General Thumb Rules:

- 1500 m लम्बी श्रृंखलाएं (chains) सामान्यतः exit tempreture को 100°C तक कम कर सकती है।
- ठीक से डिजाइन की गई चेन प्रणाली specific heat consuption को 300 किलो कैलोरी/किलोग्राम तक कम कर सकती है।
- Heat exchange rate लगभग 8.75 किलो कैलोरी/h.m^2.°C
- अभिक्रिया होने की लम्बाई या chain के प्रति मीटर में दबाव 1.2mm wc (curtain chain के लिए) और 1–2 mmwc (gartand chains के लिए) होता है (हैंगिंग पैटर्न को बनाए रखने में असमर्थ होने के कारण gartand chains को छोड़ दिया गया है)।
- gartand chains में curtain chain की तुलना में thermal effect 1.5 गुना अधिक होता है।
- wear rate: wet process के लिए 80-120g/ton of clinker और dryprocess के लिए 100-150 g/ton of clinker होता है।

Classification of fuels, characteristics of good fuel, Fuels&its Character

Fuel (ईंधन):

वो मटिरियल जो की complete जलाने या combustion करने पर हीट या energy उत्पन्न करे, उसे fuel या ईंधन कहते हैं।

फ्युल एक combustable मेटल है, जिसमे कार्बन एक मुख्य अवयव के रूप में होता है, जो जलने पर अत्याधिक heat उत्पन्न करता है, इसका उपयोग domestic के साथ साथ industries मे भी उपयोग किया जाता है।

Classification of fuels

ईंधन को मुख्यतया तीन भागों में बांटा गया है,

1. सॉलिड ईंधन (Solid fuel)
2. द्रवीय ईंधन (Liquid fuel)
3. गैसीय ईंधन (Gasious fuel)

Advantages of Solid Fuel :

- ये सरलता से उपलब्ध होते हैं, और सस्ते होते हैं।
- बिना किसी Self-explosion या स्वतः विस्फोट के solidfuel को एक स्थान से दूसरे स्थान तक ले जाया जा सकता है।
- इससे अग्नि दुर्घटनाओं का खतरा कम रहता है।
- इसका परिवहन आसान रहता है।
- इसका संग्रह करना सुविधाजनक रहता है।
- इसके उत्पादन मे लागत कम रहती है।

Disadvantages of Solid Fuel :

- इसमे शेष बचे हुये अपशिष्ट की मात्रा ज्यादा होती है।
- इसका ऊष्मीय मान (Calorific Value) कम होता है।
- ये वायु की अधिकता में जलते हैं।
- इसमे बहुत अधिक ऊष्मा खर्च होती है।
- इसका उपयोग आंतरिक दहन इंजिन नहीं कर सकतें हैं।

Advantages of Liquid Fuel :

- ठोस ईंधन की तुलना में अधिक ऊष्मीय मान होता है।
- यह बहुत लचीला होता है।
- इसको आसानी से स्टोर किया जा सकता है।
- इन्हे पाइप के द्वारा एक स्थान से दूसरे स्थान तक ले जाया जा सकता है।
- इसका उपयोग आंतरिक दहन इंजिन में किया जा सकता है।

Disadvantages of Liquid Fuel :

- यह solid ईंधन की तुलना में बहुत अधिक महंगा है।
- इनमे अग्नि दुर्घटनाओ का खतरा ज्यादा रहता है।
- ये जलने के बाद उच्च कार्बन, अरोनोटिक द्रव, और धुआ उत्पन्न करते हैं।
- इसकी दुर्गंध धीमी और तीखी होती है।

Advantages of Gas Fuel :
- ये ईंधन ashes (राख)और smokeless (धुआरहित)होते हैं।
- ये बहुत अधिक ज्वलनशील होते है।
- इसके संग्रह में कम परिश्रम रहता है।
- इसका उपयोग आंतरिक इंजिन में किया जाता है।
- इसकी calorific value बहुत अधिक रहती है।
- इसका burning rate आसानी से कंट्रोल किया जा सकता हैं।

Disadvantages of Gas Fuel:
- ये सॉलिड और liquid ईंधन की तुलना में बहुत अधिक महगे होते है।
- ये बहुत अधिक ज्वलनशील होते हैं, जिसके कारण अग्नि दुर्घटनाओं की संभावना अधिक रहती है।
- इनको स्टोर करने के लिए बड़े टैंक का उपयोग किया जाता है।

Characteristics of Good Fuel:
- उच्च दहनशील होना चाहिए।
- उच्च Calorific value होनी चाहिए ।
- समुचित ज्वलन ताप होना चाहिए।
- आसानी से उपलब्ध होना चाहिए।
- सस्ता होना चाहिए।
- राख तथा धुआँ बहुत कम उत्सर्जित होना चाहिए।
- ईंधन हल्का होना चाहिए।
- Transporting आसान होना चाहिए।
- Combustiones कंट्रोल होना चाहिए।
- Conbustion से समय उत्सर्जित गैसें विषैली न हो।

Analysis of coal, proximate analysis, ultimate analysis, orsat gas analysis.

Coal

- ठोस ईंधन का मुख्य स्त्रोत सेलुलोस लिग्नाइट ($C_{36}H_{42}O_{14}N$) है , और कुछ थोड़ी मात्रा में प्रोटीन रेजिन और मोम है।
- रॉ मटेरियल से कोयला बनने कि प्रोसेस में सबसे पहले रॉ मटेरियल जमीन के अंदर दब जाता है, और यह रॉ मटेरियल परिवर्तित होकर $CH_4CO_2OH_2$का निर्माण करता है, जिसे पीट कहते हैं।
- अब इस पीट में से कुछ पानी में घुलकर कोलाइड मिश्रण (gel) का निर्माण करते हैं, और कुछ अघुलनशील मटेरियल कि तरह उपस्थित रहते है।
- अब ऊपर बने हुए कोलाइड मिश्रण और अघुलनशील मटेरियल को पानी अपने साथ बहकर कहीं और जगह पर जमा कर देता है।
- पृथ्वी के दबाब और धीरे धीरे तापमान कि वृद्धि होने के कारन मटेरियल में से पानी अलग होने लगता हैं, और आतंरिक संघनन होने से मटेरियल में से CO_2 , H_2O और मीथेन की मात्रा काम होने लगती है, और कोकिंग अवयवों का निर्माण फेनोलिक बेड के रूप में होने लगता है इस स्टेज को मेटा मार्फिक स्टेज कहा जाता है
- इसके पश्चात् और अधिक दबाव और तापमान में Enthracite का निर्माण होता है ।

कोयले के गुण

<u>रंग:</u>

     इसका रंग भूरा और उच्च श्रेणी के कोयले का रंग काला होता है।

Texture:

लिग्नाइट मिटटी की तरह भुरभुरा होता है और उच्च श्रेणी का कोयला brittle (भंगुर) और कठोर होता है।

<u>Hardness:</u>

     लिग्नाइट से एन्थ्रेसाइट क्वालिटी की ओर जाने से hardness बढ़ती है।

<u>Specific Gravity:</u>

     कोयले के स्पेसिफिक ग्रेविटी कोयले में ऐश की मात्रा पर निर्भर करती है इसको निम्न सूत्र से ज्ञात करते हैं।

       G = 1.27+A

       A = ऐश की मात्रा

<u>Calorific value :</u>

     एक किलोग्राम कोयले के जलने से उत्पन्न होने वाली ऊर्जा को calorific value कहा जाता है। 20 %volatile मैटर (VM) वाला कोयला सर्वोत्तम माना जाता है, जिसकी calorific value 9000 kcal / kg होती है।

Grindability :

कोयले के पीसने की दर को grindability कहते हैं, जितनी अच्छी grindability होगी, उतनी ही कम ऊर्जा के खर्च में कोयला पिस जाता है।

Analysis of coal:

औद्योगिक उपयोग में आने वाले कोयले में कई तरह की क्वालिटी पायी जाती हैं, कोयले के ईंधन में कई तरह की गैसेस पायी जाती हैं, जैसे की CO_2, CO, O_2और N_2के मिश्रण को (जो की किलन के Combustion Chamber से निकलती है) उन्हें **फ्लू गैसेस** कहा जाता है। कोयले की क्वालिटी को चेक करने के लिए मुख्य रूप से निम्न विधियों का उपयोग करते हैं।

    a.   Proximate analysis.
    b.   Ultimate analysis.
    c.   Orsat gas analysis.

1.   Proximate analysis.

इस विश्लेषण में हम नमी, Volatile matter, ऐश, औरफिक्स्ड कार्बन आदि की मात्रा ज्ञात करते हैं, इस विश्लेषण में हमें कोयले की व्यावहारिक उपयोगिता की जानकारी प्राप्त होती है, और ये सभी गुण हमें दहन की क्षमता जानने के लिए उपयोगी होती है।

नमी *(Moisture)* की गणना करना :

1 ग्राम कोयले को सिलिका क्रूसिबल (सिलिका का बना हुआ एक जार या कटोरा) में लेते हैं, और इस सिलिका क्रूसिबल को 107 ± 2 डिग्री सेल्सियस तापमान में लगभग 1 घंटे तक गर्म करते हैं और वजन के अंतर को नोट कर लेते हैं, और यही क्रिया तब तक दोहराते हैं जब तक की एक सामान वजन (constant weight difference) न आ जाये मतलब की गरम करने के पहले का और गरम करने के बाद वजन में अंतर न रह जाए, इस तरह से प्रारभिक वजन और अंतिम वजन के अंतर ही कोयले में उपस्थित नमी के बराबर होता है ।

कोयले में अधिक नमी कैलोरिफिक वैल्यू को घटाती है और साथ हि साथ अधिक नमीं होने से कोयले की handling या संचालित करना कठिन होता है।

वाष्पशील पदार्थ *(Volatile Matter)* की गणना करना :-

1 ग्राम कोयले को सिलिका क्रूसिबल (सिलिका का बना हुआ एक जार या कटोरा) में लेते हैं, और इस सिलिका क्रूसिबल को 950 डिग्री सेल्सियस तापमान में लगभग 7.5 मिनट तक गर्म करते हैं और वजन के अंतर को नोट कर लेते हैं, इस तरह से प्रारभिक वजन और अंतिम वजन के अंतर ही कोयले में उपस्थित वाष्पशील पदार्थ के बराबर होता है ।

कोयले में उपस्थित वाष्पशील पदार्थ किलन के अंदर उत्पन्न होने वाली लौ (flame) को प्रभावित करती है , अधिक टड वाला कोयला लम्बी लौ (Long Flame), अधिक धुँआ , और कम तापमान उत्पन्न करता है. लगभग 20 प्रतिशत VM वाला कोयला सबसे अच्छा माना जाता है।

ऐश (Ash) की गणना करना :-

1 ग्राम कोयले को सिलिका क्रूसिबल (सिलिका का बना हुआ एक जार या कटोरा) में लेते हैं, और इस सिलिका क्रूसिबल को 1000 डिग्री सेल्सियस तापमान में लगभग 1 घंटे तक गर्म करते हैं और वजन के अंतर को नोट कर लेते हैं, और यही क्रिया तब तक दोहराते हैं जब तक की एक सामान वजन (constant weight difference) न आ जाये मतलब की गरम करने के पहले का और गरम करने के बाद वजन में अंतर न रह जाए, इस तरह से अंतिम वजन ही कोयले में उपस्थित ऐश के बराबर होता है ।

फिक्स्ड कार्बन (Fixed Carbon) की गणना करना :-

नमीं , वाष्पशील पदार्थ , और ऐश की मात्रा ज्ञात होने के बाद हम फिक्स्ड कार्बन को निम्न सूत्र से ज्ञात करते हैं.

$$FC = 100 - (\text{नमीं} + \text{वाष्पशील पदार्थ} + \text{ऐश})$$

वाष्पशील पदार्थ के वाष्पीकृत होने के बाद बचा हुआ कोयला ऐश मुक्त कोयला (ASH FREE COAL) हो जाता है ।

नमीं, वाष्पशील पदार्थ आदि की गणना करने के बाद useful heat value (UHV) कैलोरिफिक वैल्यू (Calorific Value) को निम्न सूत्र से ज्ञात कर सकते हैं ।

$$\text{C.V. (in किलो कैलोरी)} = 8900 - 138 \, (\text{ATM})$$

2. <u>Ultimate analysis.</u>

इस विश्लेषण में हम कार्बन, हाइड्रोजन, नाइट्रोजन, सल्फर, और ऑक्सीजन की मात्रा का निर्धारण करते हैं।

हाइड्रोजन की गणना करना :

कोयले की एक ज्ञात मात्रा को ऑक्सीजन की उपस्थिति में तब तक जलाते हैं, जब तक कार्बन और हाइड्रोजन ऑक्सीकृत होकर CO_2 और H_2O में परिवर्तित हो जाए।

जलने के पश्चात बचे हुए उत्पाद को दो बल्ब (जिसमें anhydrous $CaCl_2$ उपस्थित रहता है) से गुजारते हैं, और यह मिश्रण पानी को अवशोषित कर लेता है , दुसरे बल्ब में KOH होता है जो की CO_2 को अवशोषित कर लेता है, $CaCl_2$ और KOH के पुराने वजन और अवशोषित होने के बाद के वजन को घटाकर कोयले में उपस्थित पानी (नमी) और काबन डाई ऑक्साइड की मात्रा ज्ञात कर लेते है।

हम कह सकते हैं की KOH भरे हुए बल्ब का बढ़ा हुआ वजन ही CO_2 की मात्रा को दिखाता है।

हाइड्रोजन की गणना करना

Anhydrous $CaCl_2$ का बढ़ा हुआ वजन ही H_2O की मात्रा को दर्शाता है,

अब H_2O के कुल 18 ग्राम वजन में 2 ग्राम हाइड्रोजन रहता है, और anhydrous $CaCl_2$ का कुल बढ़ा हुआ वजन माना की W_1 ग्राम है, मतलब की H_2O की मात्रा W_1 ग्राम है

अब 18 ग्राम H_2O में 2 ग्राम हाइड्रोजन होता है,

तो 1 ग्राम H_2O में 2/18 ग्राम हाइड्रोजन होगा

अब W_1 ग्राम H_2O में $W_1 \times 2/18$ ग्राम हाइड्रोजन होगा, इस तरह से हाइड्रोजन की मात्रा ज्ञात करते है।

कार्बन की गणना करना

इसी तरह माना की KOH का बढ़ा हुआ वजन ही CO_2की मात्रा को दर्शाता है,
अब CO_2के कुल 44 ग्राम वजन में 12 ग्राम कार्बन रहता है, और KOH का कुल बढ़ा हुआ
वजन माना की W_2 ग्राम है, मतलब की CO_2की मात्रा W_2 ग्राम है

अब 44 ग्राम CO_2में 12 ग्राम कार्बन होता है,
तो 1 ग्राम CO_2में 12/44 ग्राम कार्बन होगा
अब W_2 ग्राम CO_2में W_2 X 12/44 ग्राम कार्बन होगा, इस तरह से कार्बन की मात्रा ज्ञात
करते है।

नाइट्रोजन की गणना करना :

1. 1 किलोग्राम कोयले के पाउडर को 30% सांद्रित H_2SO_4 (30% Concentrated
    H_2SO_4) , 2-10 ग्राम बाई सल्फेट (K_2SO_4) और $CuSO_4$ के क्रिस्टल के साथ तब
    तक गर्म किया जाता है जब तक की साफ मिश्रण (clear solution) न बन जाए।
2. कोयले मे उपस्थित नाइट्रोजन, अमोनियम सल्फेट $(NH_4)_2$ SO_4में परिवर्तित हो जाता है
    ।
3. अब अमोनियम सल्फेट के मिश्रण को 50% NaOH के मिश्रण के साथ मिलाकर गर्म
    किया जाता है। अब उत्सर्जित अमोनिया अमोनियम की निकली हुई मात्रा को प्राप्त कर
    लिया जाता है।
4. और फिर इसे ज्ञात आयतन के 1/10NNormality के H2SO4 के मिश्रण में अवशोषित
    कराया जाता है।
5. इसके बाद बिना उपयोग हुये अम्ल को स्टैंडर्ड NAOH Solution से Back Titration
    करके अलग कर लिया जाता है।
6. अब अवशोषित अमोनिया वाले अम्ल के माध्यम से कोयले में उपस्थित नाइट्रोजन की मात्रा
    ज्ञात कर लेते हैं। इस प्रकार कोयले मे नाइट्रोजन के प्रतिशत की मात्रा को मापा जाता
    है।

सल्फर की गणना करना :

कोयले की ज्ञात मात्रा को पूरी तरह से बॉम्ब कैलोरीमीटर में ऑक्सीजन की उपस्थिति में
जलाया जाता है, बचे हुए मटेरियल के बजन को नाप लेते हैं, और यह वजन ही ऐश की
मात्रा होती है, कोयले में उपस्थित सल्फर सल्फेट में बदल जाता है , बॉम्ब कैलोरीमीटर में
उपस्थित ऐश को diluted HCL के माध्यम से बाहर निकाल लिया जाता है , अब इस अम्ल
को क्लोराइड की उपस्थिति में बेरियम से ट्रीट कर लिया जाता है, बचे हुए मटेरियल को
फिल्टर करके सूखा लिया जाता है और इसका बजन कर लिया जाता है
सल्फेट में उपस्थित ३२ ग्राम सल्फर $BaSO_4$ का 1 ग्राम मालीक्यूल देगा।

3. **Orsat gas analysis:**

फ्लू गैसेस का विश्लेषण करने के लिए फ्यूल के दहन या ज्वलन की सम्पूर्ण जानकारी होना
आवश्यक है, दूसरे शब्दों में कहा जा सकता है की फ्लू गैस का विश्लेषण करने के बाद हमें पता
चलेगा की फ्यूल का संम्पूर्ण या अपूर्ण ज्वलन (Combustion) हुआ है, और यह ऑक्सीजन
की उपलब्धता या सप्लाई पर निर्भर करता है, यदि जलने के दौरान ऑक्सीजन पूर्ण रूप से
उपलब्ध रही होगी तो पूर्ण दहन होगा, नहीं तो अपूर्ण दहन होगा, फ्लू गैस का विश्लेषण orsat
apparatus के माध्यम से किया जाता है जिस की निम्न figure में दिखाया गया है।

Apparatus का विवरण:

इस उपकरण में तीन बल्ब होते है और उन तीनों बल्ब में क्रमशः $CO2, O2$ और CO का अवशोषण करने के लिए मिश्रण भरे होतें हैं।

First bulb (पहला बल्ब):

इस 500ml के बल्ब में 250ml पोटैशियम हाइड्राक्साइड (KOH) का मिश्रण भरा होता है, जो की CO_2 को अवशोषित करने के लिए होता है।

Second Bulb (द्वितीय बल्ब):

इस बल्ब में अल्कलिन पाईरोगैलिक अम्ल (25 ग्राम अल्कलिन पाईरोगैलिक अम्ल + 250 ग्राम KOH +500ml आसवित (distilled water) पानी) भरा होता है, जो की CO_2 और O_2 को अवशोषित करने के लिए होता है।

Third Bulb (तृतीय बल्ब):

इस बल्ब में अम्मोनियम कैपृस क्लोराइड (ammoniam cprous chloride) (i.e.100 ग्राम कैपृस क्लोराइड +125ml द्रवीय अमोनिया +37.5ml पानी) भरा होता है, यह CO_2, O_2 , और CO को अवशोषित कर सकता है।

उपकरण की बनावट :

इस उपकरण में पहले 'U' आकार की नली होती है, और यह नली एक सीधी नली के माध्यम से गैस ब्यूरेट (Beurate) में जुडी होती है इस सीधी नली में 3वे (3 way) वाल्व लगा होता है, यह ब्यूरेट एक पानी के जैकेट के अन्दर होता है , ता की ब्यूरेट के अन्दर उपस्थित गैस का तापमान बराबर बना रहे, यह ब्यूरेट एक रबर की ट्यूब के माध्यम से एक लेवेलिंग बोतल (Levelling Bottol) से जुड़ा होता है, जैसा की चित्र में दिखाया गया है, इस लेवेलिंग बोतल का उपयोग ब्यूरेट में गैस के लेवल को कम और ज्यादा करने के लिए किया जाता है।

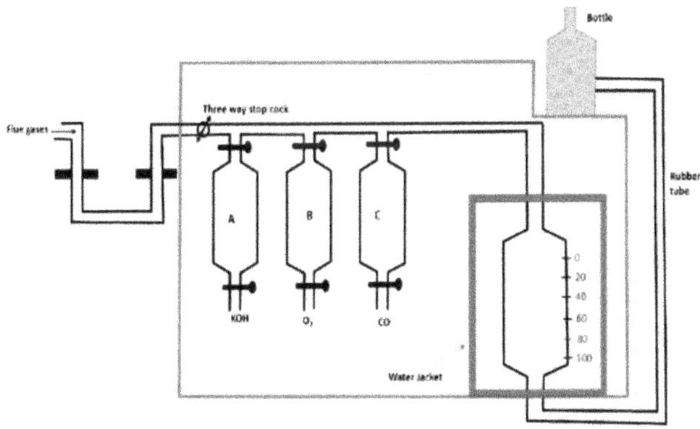

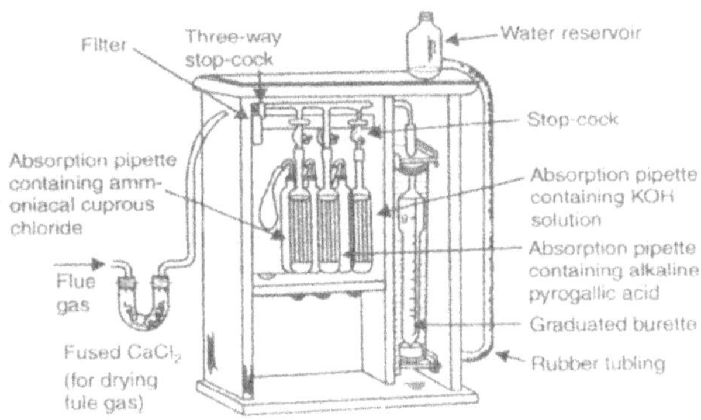

उपकरण की कार्यविधि:

सबसे पहले तीनों बल्ब में उपस्थित मिश्रण का वजन नोट कर लेते हैं, माना कि बल्ब 1,2,3, में क्रमशः वजन WI1,WI2, WI3 है, अब इस उपकरण में पहले फ्लू गैसेस को 'U' नाले द्वारा प्रवाहित किया जाता है, और इसे ब्यूरेट में एकत्रित कर लिया जाता है, ध्यान रखना है की सभी बल्ब्स के वाल्व बंद रहे ताकि गैस सीधे ब्यूरेट में एकत्रित हो जाये, इसके बाद 3वे वाल्व को बंद कर देते हैं.

अब सबसे पहले बल्ब नंबर 1 का वाल्व खोलते हैं और लेवेलिंग बोतल के माध्यम से ब्यूरेट में दबाब बनाकर flu gases को बल्ब 1 में प्रवाहित करते हैं , अब इस बल्ब में CO_2 गैस अवशोषित हो जाएगी , इसके बाद दबाव कम करके flu gases को वापस ब्यूरेट में कर लेते हैं, और बल्ब 1 के वाल्व को बंद कर देते हैं , अब हम बल्ब 1 में उपस्थित मिश्रण का वजन कर लेते हैं, माना कि ये WF1 है, इसके पश्चात् बल्ब 2 के वाल्व को खोलकर लेवेलिंग बोतल के माध्यम से दबाव बढ़ाकर बल्ब 2 में फ्लू गैस प्रवाहित करते हैं और फिर वापस ब्यूरेट में वापस कर लेते हैं , अब बल्ब 2 के वाल्व को बंद कर देतें हैं, इस बल्ब में उपस्थित मिश्रण ऑक्सीजन गैस को अवशोषित कर लेता है इस कारन से अब वजन बढ़ गया होगा, अब इस मिश्रण को निकलकर वजन कर लेते हैं माना कि वजनWF2 है, अब तीसरे बल्ब में भी ऊपर कि तरह फ्लू गैस प्रवाहित करके CO गैस को अवशोषित कराकर वजन नाप लेते हैं माना कि यह WF3 है.

अब शुरुआत के वजन और अंतिम वजन के अंतर कि गढ़ना करके हम CO_2, O_2 और CO की मात्रा ज्ञात कर लेते हैं,

Learning Outcome 2

Student will be able to calculate the calorific value of coal by bomb calorimeter. Calculation of calorific value of coal by using bomb calorimeter

कैलोरिफिक वैल्यू(Calorific Value):

एक किलोग्राम कोयले के जलने से उत्पन्न होने वाली ऊर्जा को calorific value कहा जाता है। 20 %volatile मैटर (VM) वाला कोयला सर्वोत्तम माना जाता है, जिसकी calorific value 9000 kcal / kg होती है।

कैलोरीमीटर (Calorimeter):

यह ठोस, तरल और गैसीय ईंधन के कैलोरी मान की गणना करने के लिए उपयोग किया जाने वाला उपकरण है।

Bomb Calorimeter:

- बम कैलोरीमीटर एक प्रकार का निरंतर–आयतन कैलोरीमीटर (Constant volume calorimeter) है जो किसी विशेष प्रतिक्रिया के दहन (heat) की गर्मी को मापने में उपयोग किया जाता है।

- इसका उपयोग एक निरंतर आयतन में दहन प्रतिक्रियाओं के एन्थैल्पी परिवर्तनों को मापने के लिए किया जाता है।

सिद्धांत (Principle):

जब कुछ निश्चित मात्रा के फ्यूल को बॉम्ब कैलोरीमीटर में जलाया जाता हैं ,और जलने पर उत्पन्न ताप कैलोरीमीटर एवम उसमें उपस्थित पानी को गर्म करता है, यदि हम फ्यूल के द्वारा दी गयी हीट और कैलोरीमीटर व पानी के द्वारा ली गयी हीट को बराबर करते हैं, तो फ्यूल की कैलोरिफिक वैल्यू ज्ञात की जा सकती है।

माना की

- लिए गए कोयले की मात्रा = x ग्राम
- कोयले की कैलोरिफिक वैल्यू = c कैलोरी
- इस तरह कोयले के द्वारा दी गई हीट या ताप = $(x) \times (c)$
- कैलोरीमीटर में उपस्थित पानी की मात्रा = W ग्राम
- कैलोरीमीटर के कंटेनर (बर्तन) का वजन (पानी के तुलनात्मक) = w ग्राम
- पानी और कंटेनर का कुल वजन = $(W+w)$ ग्राम
- पानी के तापमान में हुई वृद्धि = (t) डिग्री सेंटीग्रेट
- पानी और कंटेनर के द्वारा ली हुयी ऊर्जा = $(W+w) \times t$
- दी गयी हीट = ली गयी हीट
- $(x) \times (c) = (W+w) \times t$
- $c = \dfrac{(W+w) \times t}{x \times 100}$ किलोग्राम कैलोरी

संरचना या बनावट :

बॉम्ब कैलोरीमीटर के मुख्यतया निम्न अवयव होते हैं.

1. नमूना रखने के लिए छोटा कप
2. ऑक्सीजन
3. एक स्टेनलेस स्टील बम
4. पानी
5. एक stirrer (मिश्रण को मिलाने या मिक्सिंग करनें के लिए)
6. थर्मोमीटर
7. इन्सुलेशन (कैलोरीमीटर से परिवेश में गर्मी के प्रवाह को रोकने के लिए)
8. बम से जुड़ा इग्निशन सर्किट।

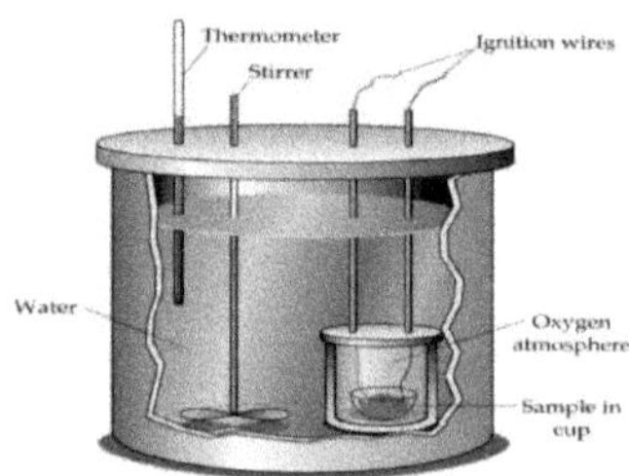

कार्यविधि:

- बर्तन एक मजबूत या स्क्रू टाइट कैप से बंद रहता हैं.

- दो इलेक्ट्रोड एक platinum की तार या वायर से जुड़े रहतें हैं,
- प्लैटिनम का तार कप में डूबा हुआ रहता है
- कोयले के सैंपल को इस कप में भर लेते हैं।

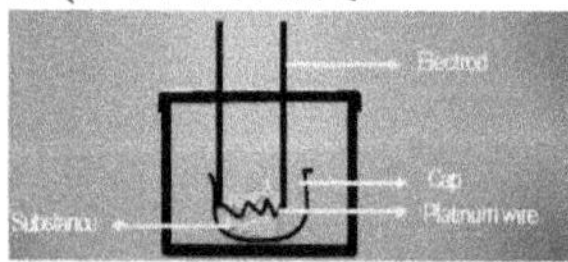

- इसके बाद बर्तन (vassel) में ऑक्सीजन को लगभग 20 −25 ATM दबाव में भर लेतें हैं, और धीरे धीरे बढ़ातें हैं।

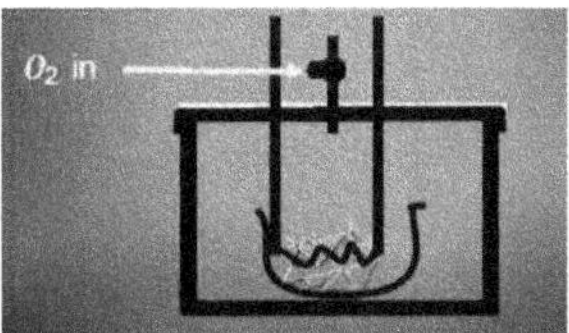

- इसके बाद भरे हुए कप को इंसुलेटेड बर्तन के भरे हुए पानी में डुबाते हैं, और stirrer के माध्यम से मिक्स करते हैं।

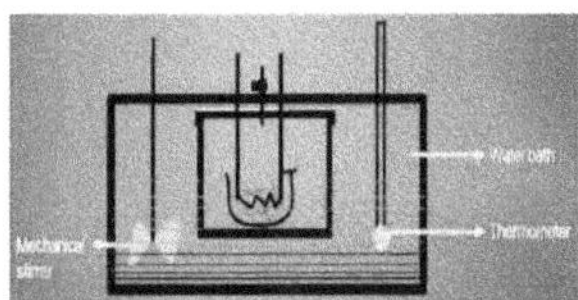

- पानी और कप का प्रारंभिक तापमान नोट कर लेते हैं।
- इलेक्ट्रोड में करंट प्रवाहित करके कोयले को जलातें है, इस कोयले के जलने के कारण कप और पानी के तापमान में वृद्धि होती है, और करंट को तब तक प्रवाहित करते हैं, जब तक की पानी का तापमान नियत या constant न हो जाए
- इसके बाद पानी और कप के बढे हुए तापमान को नोट करते हैं।
- अब निम्न सूत्र का उपयोग करके calorific value ज्ञात करते है।

$$c = \frac{(W+w)\,X\,t}{x\,X\,1000} \text{किलोग्राम कैलोरी}$$

प्रयोग के दौरान लिए गए मापांक (Measurements taken during test):

- लिए गए कोयले की मात्रा $= 0.832$ ग्राम
- कोयले की कैलोरिफिक वैल्यू $= c$ कैलोरी
- इस तरह कोयले के द्वारा दी गई हीट या ताप $= (0.832)\,X\,(c)$
- कैलोरीमीटर में उपस्थित पानी की मात्रा $= 1750$ ग्राम
- कैलोरीमीटर के कंटेनर (बर्तन) का वजन/आयतन (पानी के तुलनात्मक) $= 750$ ग्राम
- पानी और कंटेनर का कुल वजन $= (1750+750=2500)$ ग्राम
- पानी के तापमान में हुई वृद्धि $= (2.96)$ डिग्री सेंटीग्रेट
- पानी और कंटेनर के द्वारा ली हुयी ऊर्जा $= (2500)\,X\,2.96$

$$\text{दी गयी हीट} = \text{ली गयी हीट}$$
$$(x)\,X\,(c) = (W+w)\,X\,t$$
$$c = \frac{(1750+750)\,X\,2.96}{0.832\,X\,1000} \text{किलोग्राम कैलोरी}$$
$$c = 8.89432 \text{किलोग्राम कैलोरी}$$

- इस तरह से हम बॉम्ब कैलोरीमीटर का उपयोग करके Calorific Value ज्ञात करते हैं।

<u>Learning outcome 3</u>

Calculations of air requirements, analysis of coal, simple numerical problems on combustion calculation, on dry air basis, on moisture received basis, on ash free basis

---

<u>Learning Outcome – 3</u>
<u>Coal:</u>

C, H, O, S और नमी कोयला के मुख्य अवयव हैं, जब कार्बन को ऑक्सीजन की पर्याप्त मात्रा में जलाया जाता है तो कार्बन डाई ऑक्साइड के साथ साथ अत्यधिक मात्रा में ऊर्जा या हीट उत्पन्न होती है

1. C $+$ O_2 $\rightarrow$ CO_2 ↑
         12Kg   32kg   44 kg
         1 kg   8/3 kg   11/3kg

एक किलो कार्बन को पूर्ण रूप से जलाने के लिए 8/3 किलो ऑक्सीजन की जरूरत होती है, यदि पर्याप्त मात्रा में उपलब्ध नहीं होती है तो कार्बन का अपूर्ण कम्बशन होता है, और कार्बन डाई ऑक्साइड की जगह कार्बन मोनो ऑक्साइड उत्पन्न होता है ।

2. $2C$ $+$ O_2 $\rightarrow$ $2CO$ ↑
         2X12Kg   32kg   2 X 28 kg
         1 kg   4/3 kg   7/3kg

एक किलो कार्बन को जलाकर कार्बन मोनो ऑक्साइड बनाने के लिए 4/3 किलो ऑक्सीजन की जरूरत होती है

3. H_2 $+$ $\frac{1}{2} O_2$ $\rightarrow$ H_2O ↑
         2Kg   16kg   18 kg
         1 kg   8 kg   9kg

     एक किलो हाइड्रोजन को पूर्ण रूप से जलाने के लिए 8 किलो ऑक्सीजन की जरूरत होती है ।

4. S $+$ O_2 $\rightarrow$ SO_2 ↑
         32Kg   32kg   64 kg
         1 kg   1 kg   2kg

एक किलो S को पूर्ण रूप से जलाने के लिए 1 किलो ऑक्सीजन की जरूरत होती है ।

एक किलो फ्यूल में निम्नांकित अवयब होते हैं

                  कार्बन का प्रतिशत $= C$ Kg
                  हाइड्रोजन का प्रतिशत $= H_2$ Kg
                  सल्फर का प्रतिशत $= S$ Kg

जैसा की हम जानते हैं की एक किलो कार्बन को पूर्ण रूप से जलने के लिए $8/3$ ऑक्सीजन, एक किलो हाइड्रोजन के लिए 8 किलो ऑक्सीजन, और एक किलो सल्फर के लिए 1 किलो ऑक्सीजन की जरूरत होती है,

इस तरह एक किलो फ्यूल के पूर्ण रूप से Combustion होने के लिए निम्नांकित ऑक्सीजन की जरूरत होती है।

$$= (\frac{8}{3} \text{ x C की मात्रा} + 8 \text{ x } H_2 \text{ की मात्रा} + 1 \text{x S की मात्रा} - 1 \text{x } O_2 \text{ की मात्रा})$$

क्योंकि 23 किलोग्राम ऑक्सीजन प्राप्त करने के लिए 100 किलोग्राम हवा की जरूरत होती है (क्योंकि वायुमंडल में 23 प्रतिशत ऑक्सीजन होती है)

अतः 1 किलोग्राम ऑक्सीजन के लिए $\frac{100}{23}$ किलोग्राम हवा की जरूरत होगी, इस तरह 1 किलोग्राम ईंधन को जलानें के लिए निम्नांकित हवा की जरूरत होगी

$$= \frac{100}{23} (\frac{8}{3} \text{ xC की मात्रा} + 8 \text{x} H_2 \text{ की मात्रा} + 1 \text{xS की मात्रा} - 1 \text{x} O_2 \text{ की मात्रा})$$

इस तरह

अधिक हवा के सप्लाई की मात्रा $= \frac{100}{23} \text{ x आवश्यक} O_2 \text{ की मात्रा}$

1 किलोग्राम के कार्बन के जलने पर उत्पन्न फ्लू गैस की मात्रा

$$= \frac{1 \text{ किलोग्रामकोयलेमेंकार्बनकावजनयामात्रा}}{1 \text{ किलोग्रामफ्लूगैसमेंउपस्थितकार्बनकीमात्रायावजन}}$$

Question:

निम्न लिखित संयोजन (कम्पोजीशन) वाले 1500 किलोग्राम कोयले को सम्पूर्ण रूप से जलाने के लिए ऑक्सीजन एवं हवा की आवश्यकता की गणना कीजिये ?

C	$=$	44%
O_2	$=$	3.5%
H_2	$=$	5%
S	$=$	1.5%

Solution:

दिए गए फ्यूल या ईंधन की मात्रा 1500 किलोग्राम है

इसमें उपस्थित कार्बन $= 44$ प्रतिशत

$$C = \frac{44 \text{ X } 1500}{100}$$
$$= 660 \text{ किलोग्राम}$$

अतः $\quad C = 660$ किलोग्राम

इसमें उपस्थित ऑक्सीजन $= 3.5$ प्रतिशत

$$O_2 = \frac{3.5 \text{ X } 1500}{100}$$
$$= 52.5 \text{ किलोग्राम}$$

अतः $\qquad O_2 = 52.5$ किलोग्राम

इसमें उपस्थित हाइड्रोजन $= 5$ प्रतिशत
$$H_2 = \frac{5\ X\ 1500}{100}$$
$$= 75\ \text{किलोग्राम}$$
अतः $\qquad H_2 = 75$ किलोग्राम

इसमें उपस्थित सल्फर $= 1.5$ प्रतिशत
$$S = \frac{1.5\ X\ 1500}{100}$$
$$= 22.5\ \text{किलोग्राम}$$
अतः $\qquad S = 22.5$ किलोग्राम

जैसा की हम जानते हैं कि एक किलो फ्यूल के पूर्ण रूप से Combustion होने के लिए निम्नांकित ऑक्सीजन की जरूरत होती है।
$$= (\frac{8}{3} \text{ x C की मात्रा} + 8 \text{ x } H_2 \text{ की मात्रा} + 1\text{x S की मात्रा} - 1\text{x}O_2 \text{ की मात्रा})$$
$$= (\frac{8}{3} \text{ x } 660 \text{ kg} + 8 \text{ x } 75\text{kg} + 1\text{x } 22.5 \text{ Kg} - 1\text{x}52.5 \text{ Kg})$$
$$= 2330\ \text{Kg}$$
जैसा की हम जानते हैं कि एक किलो फ्यूल के पूर्ण रूप से Combustion होने के लिए निम्नांकित हवा की जरूरत होती है।
$$= \frac{100}{23} \text{ x आवश्यक } O_2 \text{ की मात्रा}$$
$$= \frac{100}{23} \text{ x } 2330\ \text{Kg}$$
$$= 10130.43\ \text{Kg}$$

Question:

निम्न लिखित संयोजन (कम्पोजीशन) वाले 1 किलोग्राम कोयले को सम्पूर्ण रूप से जलाने के लिए
1. ऑक्सीजन एवं हवा की आवश्यकता की गणना कीजिये ?
2. ड्राई प्रोडक्ट के प्रतिशतकी तुलना ?

C	=	78.5%
O_2	=	0.8%
H_2	=	7.5%
S	=	1%

Solution:

1. ऑक्सीजन एवं हवा की आवश्यकता की गणना

दिए गए फ्यूल या ईंधन की मात्रा 1 किलोग्राम है

इसमें उपस्थित कार्बन = 78.5 प्रतिशत

$$C = \frac{78.5 \times 1}{100}$$
$$= 0.785 \text{ किलोग्राम}$$

अतः $C = 0.785$ किलोग्राम

इसमें उपस्थित ऑक्सीजन = 3.5 प्रतिशत

$$O_2 = \frac{0.8 \times 1}{100}$$
$$= 0.008 \text{ किलोग्राम}$$

अतः $O_2 = 0.008$ किलोग्राम

इसमें उपस्थित हाइड्रोजन = 7.5 प्रतिशत

$$H_2 = \frac{7.5 \times 1}{100}$$
$$= 0.075 \text{ किलोग्राम}$$

अतः $H_2 = 0.075$ किलोग्राम

इसमें उपस्थित सल्फर = 1 प्रतिशत

$$S = \frac{1 \times 1}{100}$$
$$= 0.01 \text{ किलोग्राम}$$

अतः $S = 0.01$ किलोग्राम

जैसा की हम जानते हैं कि एक किलो फ्यूल के पूर्ण रूप से Combustion होने के लिए निम्नांकित ऑक्सीजन की जरूरत होती है।

$$= (\frac{8}{3} \times C \text{ की मात्रा} + 8 \times H_2 \text{ की मात्रा} + 1 \times S \text{ की मात्रा} - 1 \times O_2 \text{ की मात्रा})$$

$$= (\frac{8}{3} \times 0.785 \text{ kg} + 8 \times .075 \text{ kg} + 1 \times 0.01 \text{ Kg} - 1 \times 0.008 \text{ Kg})$$
$$= 2.686 \text{ Kg}$$

जैसा की हम जानते हैं कि एक किलो फ्यूल के पूर्ण रूप से Combustion होने के लिए निम्नांकित हवा की जरूरत होती है।

$$= \frac{100}{23} \times \text{आवश्यक } O_2 \text{ की मात्रा}$$

$$= \frac{100}{23} \times 2.686 \ Kg$$
$$= 11.69 \ Kg$$

2. ड्राई प्रोडक्ट की प्रतिशत तुलना

a. कार्बन डाइऑक्साइड की मात्रा

C	+	O_2	$\rightarrow$	CO_2	$\uparrow$
12Kg		32kg		44 kg	
1 kg		8/3 kg		11/3 kg	

इस तरह 1 किलोग्राम कार्बन से CO_2 का निर्माण की मात्रा $=11 / 3$ किलोग्राम

इसलिए 0.785 किलोग्राम कार्बन से CO_2 का निर्माण की मात्रा $=\frac{11}{3} \times 0.785$ किलोग्राम

निर्मित कार्बन डाइऑक्साइड की मात्रा $=2.878 \ Kg.$

b. सल्फर डाइऑक्साइड की मात्रा

S	+	O_2	$\rightarrow$	SO_2	$\uparrow$
32Kg		32kg		64 kg	
1 kg		1 kg		2kg	

इस तरह 1 किलोग्राम सल्फर से SO_2 के निर्माण की मात्रा $=2$ किलोग्राम

इसलिए 0.01 किलोग्राम सल्फर से SO_2 के निर्माण की मात्रा $=2 \times 0.001$ किलोग्राम

निर्मित SO_2 की मात्रा $=0.002 \ Kg.$

c. नाइट्रोजन की मात्रा

नाइट्रोजन की मात्रा   = कुल हवा की मात्रा − कुल ऑक्सीजन की मात्रा
नाइट्रोजन की मात्रा $= 11.69kg - 2.686 \ Kg$
                       $= 9.0 \ Kg$

निर्मित ड्राई या सूखे पदार्थों के प्रतिशत की मात्रा

कुल ड्राई पदार्थों की मात्रा

= कार्बन डाइऑक्साइड की मात्रा + सल्फर डाइऑक्साइड की मात्रा + नाइट्रोजन की मात्रा
कुल ड्राई पदार्थों की मात्रा $= 2.878 + 0.002 + 9.0 \ Kg$
कुल ड्राई पदार्थों की मात्रा $= 11.884 \ Kg$

CO_2 के प्रतिशत की मात्रा $= (CO_2$ की मात्रा / कुल ड्राई पदार्थों की मात्रा$) \times 100 \ \%$
CO_2 के प्रतिशत की मात्रा $= (2.878 / 11.884) \times 100 \ \%$
CO_2 के प्रतिशत की मात्रा $= 25.24\%$

SO_2 के प्रतिशत की मात्रा $= (SO_2$ की मात्रा / कुल ड्राई पदार्थों की मात्रा$) \times 100 \ \%$
SO_2 के प्रतिशत की मात्रा $= (0.002 / 11.884) \times 100 \ \%$

SO_2 के प्रतिशत की मात्रा $= 0.0168\%$

नाइट्रोजनके प्रतिशत की मात्रा = (नाइट्रोजन की मात्रा / कुल ड्राई पदार्थों की मात्रा)x100 %

नाइट्रोजनके प्रतिशत की मात्रा $= (9.0/ 11.884) \times 100 \%$

नाइट्रोजनके प्रतिशत की मात्रा $= 75.73\%$

Question:

ड्राई फ्लु गैसेस का volumetric analysis (विश्लेषण) निम्न प्रकार है।

$CO_2 = 12\%$
$O_2 = 10\%$
$N_2 = 78\%$

कोयले का विश्लेषण निम्न प्रकार से है।

$C = 80\%$
$H_2 = 4.8\%$

निम्न की गणना कीजिये?

a. हवा का वजन या मात्रा

b. Excess air (अधिक हवा) का वजन या मात्रा

Solution:

Flue Gas analysis		Molecular weight	Propostion weight		Weight per kg of flue gas	
CO_2	0.12 Kg	44	0.12X44=	5.28	5.28/30.32 =	0.174
O_2	0.10 Kg	32	0.1X32 =	3.2	3.2/30.32 =	0.106
N_2	0.78 Kg	28	0.78X28=	21.84	21.84/30.84=	0.720
Total	1.00 Kg	104		30.32		1

Question:

ड्राई फ्लु गैसेस का वॉल्यूमेट्रिक विश्लेषण निम्न प्रकार है।

CO_2	=	13%
CO	=	0.3%
O_2	=	6%
N_2	=	80.7%

कोयले का विश्लेषण निम्न प्रकार से है।

C	=	62.4%
H2	=	4.2%
O2	=	4.5%
Ash	=	13.9%

निम्न की गणना कीजिये?

a. एक किलोग्राम कोयला जलाने के लिए लगने वाली ऑक्सीजन एवं हवा की आवश्यकता की गणना कीजिये ?

b. एक्सेस एयर (अधिक हवा) का वजन या मात्रा ?

Solution:

CO_2	=	13%	=	0.13 M^3
CO	=	0.3%	=	0.003 M^3
O_2	=	6%	=	0.06 M^3
N_2	=	80.7%	=	0.807 M^3
C	=	62.4%	=	0.624 Kg
H2	=	4.2%	=	0.042 Kg
O2	=	4.5%	=	0.045 Kg
Ash	=	13.9%	=	0.139 Kg

a. सैद्धांतिक रूप से 1 किलोग्राम ईंधन को जलाने के लिए आवश्यक ऑक्सीजन और हवा की मात्रा

$$= (\frac{8}{3} \text{ x C की मात्रा} + 8 \text{ x } H_2 \text{ की मात्रा} + 1\text{x S की मात्रा} - 1 \text{ x } O_2 \text{ की मात्रा})$$

$$= (\frac{8}{3} \text{ x } 0.624 + 8 \text{ x } 0.042 + 1\text{x } 0 - 1\text{x } 0.045)$$

$$= 1.955 \text{ Kg}$$

जैसा की हम जानते हैं कि एक किलो फ्यूल के पूर्ण रूप से Combustion होने के लिए निम्नांकित हवा की जरूरत होती है।

$$= \frac{100}{23} \text{ x आवश्यक } O_2 \text{ की मात्रा}$$

$$= \frac{100}{23} \text{ x } 1.955 \text{ Kg}$$

$$= 8.5 \text{ Kg}$$

b. वास्तविक रूप से 1 किलोग्राम ईंधन को जलाने के लिए आवश्यक ऑक्सीजन और हवा की मात्रा (वॉल्यूमेट्रिक विश्लेषण के अनुसार)

Flue Gas analysis		Molecular weight	Propostion weight		Weight per kg of flue gas	
CO2	0.13 Kg	44	0.12X44 =	5.72	5.28/30.32 =	0.189
CO	0.003 Kg	28	0.003X44 =	0.084	5.28/30.32 =	0.003
O2	0.06 Kg	32	0.06X32 =	1.92	3.2/30.32 =	0.063
N2	0.81 Kg	28	0.8X28 =	22.596	21.84/30.32 =	0.745
Total	1.000 Kg	132		30.32		1.000

$$\begin{array}{ccccccc} C & + & O_2 & \rightarrow & CO_2 & \uparrow \\ 12Kg & & 32kg & & 44 \text{ kg} \end{array}$$

CO_2 में उपस्थित कार्बन (C) की मात्रा $= \frac{12}{44} \times 0.189$ Kg $= 0.05155$ Kg

$$C \qquad + \qquad \tfrac{1}{2} O_2 \qquad \rightarrow \qquad CO \quad \uparrow$$
$$12Kg \qquad\qquad 16kg \qquad\qquad\qquad 28 \text{ kg}$$

CO में उपस्थित कार्बन (C) की मात्रा $= \frac{12}{28} \times 0.003$ Kg $= 0.00128$ Kg

1 किलोग्राम फ्लू गैस में उपस्थित कार्बन की मात्रा $\qquad = 0.05155$ kg $+ 0.00128$kg

$$= 0.053 \text{ kg}$$

1 किलोग्राम के कार्बन के जलने पर उत्पन्न फ्लू गैस की मात्रा

$$= \frac{1 \;\textit{किलोग्रामकोयलेमेंकार्बनकावजनयामात्रा}}{1 \;\textit{किलोग्रामफ्लूगैसमेंउपस्थितकार्बनकीमात्रायावजन}}$$
$$= \frac{0.624}{0.053} = 11.7 \text{ Kg}$$

इस तरह 11.7 किलोग्राम फ्लू गैस में उपस्थित नाइट्रोजन की कुल मात्रा
$$= 0.745 \times 11.77$$
$$= 8.77 \text{ kg}$$
क्योंकि दिए गए मिश्रण में नाइट्रोजन उपस्थित नहीं है, इसलिए नाइट्रोजन केवल हवा से ही सप्लाई हो रही है

इस तरह वास्तविक रूप से हवा के सप्लाई की मात्रा $= \frac{100}{77} \times 8.77$ Kg $= 11.4$ kg

c.   Excess air (अधिक हवा) का वजन या मात्रा

= वास्तविक रूप से सप्लाई (प्रवाहित) की गयी हवा − सैद्धांतिक रूप से सप्लाई (प्रवाहित) की गयी हवा
= 11.4 - 8.5 kg
= 2.9 kg

Question:

ड्राई फ्लु गैसेस का वॉल्यूमेट्रिक विश्लेषण निम्न प्रकार ळे

$$CO_2 \quad = \quad 10.8\%$$
$$CO \quad = \quad 1.4\%$$
$$O_2 \quad = \quad 3.4\%$$
$$N_2 \quad = \quad 84.8\%$$

कोयले का विश्लेषण निम्न प्रकार से ळे

C	=	82%
H2	=	3%

निम्न की गणना कीजिये?

a. एक किलोग्राम कोयला जलाने के लिए लगने वाली ऑक्सीजन एवं हवा की आवश्यकता की गणना कीजिये ?

b. एक्सेस एयर (अधिक हवा) का वजन या मात्रा ?

Solution:

CO_2	=	10.8%	=	0.108	M^3
CO	=	1.4%	=	0.014	M^3
O_2	=	3.4%	=	0.034	M^3
N_2	=	84.8%	=	0.848	M^3
C	=	82%	=	0.82	Kg
H_2	=	3%	=	0.03	Kg

c. सैद्धांतिक रूप से 1 किलोग्राम ईंधन को जलाने के लिए आवश्यक ऑक्सीजन और हवा की मात्रा

$$= (\frac{8}{3} \text{ x C की मात्रा} + 8 \text{ x } H_2 \text{ की मात्रा} + 1\text{x S की मात्रा} - 1 \text{ x } O_2 \text{ की मात्रा})$$

$$= (\frac{8}{3} \text{ x } 0.82 + 8 \text{ x } 0.03 + 1\text{x } 0 - 1\text{x } 0.00)$$

$$= 2.426 \text{ Kg}$$

जैसा की हम जानते हैं कि एक किलो फ्यूल के पूर्ण रूप से Combustion होने के लिए निम्नांकित हवा की जरूरत होती है।

$$= \frac{100}{23} \text{ x आवश्यक } O_2 \text{ की मात्रा}$$

$$= \frac{100}{23} \text{ x } 2.426 \text{ Kg}$$

$$= 10.55 \text{ Kg}$$

d. वास्तविक रूप से 1 किलोग्राम ईंधन को जलाने के लिए आवश्यक ऑक्सीजन और हवा की मात्रा (वॉल्यूमेट्रिक विश्लेषण के अनुसार)

Flue Gas analysis		Molecular weight	Propostion weight		Weight per kg of flue gas	
CO_2	0.108 Kg	44	0.108X44 =	4.752	4.752/29.98 =	0.159
CO	0.014 Kg	28	0.014X44 =	0.392	.392/29.98 =	0.013
O_2	0.034 Kg	32	0.034X32 =	1.088	1.088/29.98 =	0.036
N_2	0.848 Kg	28	0.848X28 =	23.744	23.744/29.98 =	0.792
Total	1.004 Kg	132		29.98		1.000

C	+	O_2	$\rightarrow$	CO_2	$\uparrow$
12Kg		32kg		44 kg	

CO_2में उपस्थित कार्बन (C) की मात्रा $= \dfrac{12}{44}$ x 0.159 Kg = 0.04336 Kg

C	+	$\frac{1}{2} O_2$	$\rightarrow$	CO	$\uparrow$
12Kg		16kg		28 kg	

CO में उपस्थित कार्बन (C) की मात्रा $= \dfrac{12}{28}$ x 0.013 Kg = 0.00557 Kg

1 किलोग्राम फ्लू गैस में उपस्थित कार्बन की मात्रा   = 0.04336 kg+0.00557kg

$\qquad\qquad\qquad\qquad\qquad\qquad\qquad\qquad\qquad = 0.048$ kg

1 किलोग्राम के कार्बन के जलने पर उत्पन्न फ्लू गैस की मात्रा

$$= \frac{1\ \text{किलोग्रामकोयलेमेंकार्बनकावजनयामात्रा}}{1\ \text{किलोग्रामफ्लूगैसमेंउपस्थितकार्बनकीमात्रायावजन}}$$
$$= \frac{0.82}{0.048} = 17.08\ \text{Kg}$$

इस तरह 17.08 किलोग्राम फ्लू गैस में उपस्थित नाइट्रोजन की कुल मात्रा
$$= 0.792 \text{ x } 17.08$$
$$= 13.53 \text{ kg}$$
क्योंकि दिए गए मिश्रण में नाइट्रोजन उपस्थित नहीं है, इसलिए नाइट्रोजन केवल हवा से ही सप्लाई हो रही है

इस तरह वास्तविक रूप से हवा के सप्लाई की मात्रा $= \dfrac{100}{77}$ x 13.53 Kg = 17.568 kg

e.   Excess air (अधिक हवा) का वजन या मात्रा
$\quad$ = वास्तविक रूप से सप्लाई (प्रवाहित) की गयी हवा – सैद्धांतिक रूप से सप्लाई (प्रवाहित) की गयी हवा
$\quad$ = 17.568 – 10.55 kg
$\quad$ = 7.018 kg

CO	+	O	$\rightarrow$	CO_2	$\uparrow$
28Kg		16kg		44 kg	

$$= \frac{22.4}{44.8} \text{ x } 0.48 \text{ Kg} = 0.24 \text{ M}^3$$

2CO	+	O_2	$\rightarrow$	CO_2	$\uparrow$
2 X 22.4M^3		22.4 M^3		22.4 M^3 kg	

$22.4 \ m^3$ ऑक्सीजन, $44.8 \ m^3$ CO के साथ मिलकर CO_2 बनाता है।

तो $0.05 \ M^3$ CO को कंबाइन होनें के लिए जरूरी ऑक्सीजन की मात्रा =

$$= \frac{44.8}{22.8} \times 0.05 \ M^3 = 0.025 \ M^3$$

$$CH_4 \qquad\qquad + \qquad 2O_2 \qquad \rightarrow \qquad CO_2 + 2H_2O \qquad \uparrow$$
$$22.4 \ M^3 \qquad\qquad 2 \times 22.4 \ M^3 \qquad 22.4 \ M^3 \ kg$$

$44.8 \ m3$ ऑक्सीजन, $22.4 \ m3$ CH_4 के साथ मिलकर CO_2 बनाता है।

तो $0.37 \ M^3$ CH_4 को Combine होनें के लिए जरूरी ऑक्सीजन की मात्रा =

$$= \frac{44.8}{22.8} \times 0.037 \ M^3 = 0.74 \ M^3$$

कुल जरूरी ऑक्सीजन की मात्रा $= 0.24 + 0.025 + 0.74$

$$= 1.005 \ M^3$$

इस तरह हवा के सप्लाई की मात्रा $= \frac{100}{21} \times 1.005 \ M^3 = 4.78 \ M^3$

Question:

कोयले का वजन के अनुसार विश्लेषण निम्न प्रकार से ळे

C	=	78%
H2	=	3%
O2	=	3%
S	=	1%
Ash	=	10%
Moisture	=	5%
Excess air supplied = 80%		

प्रवाहित करने वाली हवा के वजन की गणना कीजिये , और एक किलोग्राम कोयले के जलने से उत्पन्न होने वाली गैसीय पदार्थों की गणना कीजिये?

Solution:

C	=	78%	=	0.82 Kg
H2	=	3%	=	0.03 Kg

O2	=	3%	=	0.03 Kg
S	=	1%	=	0.01 Kg
Ash	=	10%	=	0.10 Kg
Moisture	=	5%	=	0.05 Kg
Excess air Supplied		=	30%	

जैसा की हम जानते हैं कि एक किलो फ्यूल के पूर्ण रूप से Combustion होने के लिए निम्नांकित हवा की जरूरत होती है।

$$= \frac{100}{23} \left(\frac{8}{3} \times C \text{ की मात्रा} + 8 \times H_2 \text{ की मात्रा} + 1 \times S \text{ की मात्रा} - 1 \times O_2 \text{ की मात्रा} \right)$$
$$= \frac{100}{23} \left(\frac{8}{3} \times 0.78 \text{ kg} + 8 \times .03 \text{ kg} + 1 \times 0.01 \text{ Kg} - 1 \times 0.003 \right) \text{Kg}$$
$$= 10.12 \text{Kg}$$

एक किलोग्राम ईंधन को जलाने के लिए प्रवाहित एक्स्ट्रा हवा (एक्सेस एयर)
$$= \frac{30 \times 10.2}{100} \times 10.12 \text{ M}^3 = 3.06 \text{ Kg}$$

वास्तविक रूप से सप्लाई (प्रवाहित) की गयी हवा
= सैद्धांतिक रूप से सप्लाई (प्रवाहित) की गयी हवा + एक्सेस एयर (अधिक हवा)
= 10.12 Kg + 3.06 Kg
= 13.18 Kg.

$$C \quad + \quad O_2 \quad \rightarrow \quad CO_2 \quad \uparrow$$
$$12Kg \qquad 32kg \qquad\qquad 44 \text{ kg}$$

- 12 किलोग्राम कार्बन से 44 किलोग्राम कार्बन डाइऑक्साइड उत्पन्न होती है
- इस तरह 1 किलोग्राम कार्बन से उत्पन्न होने वालीं कार्बन डाइऑक्साइड की मात्रा
  $$= \frac{44}{12} \text{ Kg}$$
- 0.78 किलोग्राम कार्बन से उत्पन्न होने वालीं कार्बन डाइऑक्साइड की मात्रा

$$= \frac{44}{12} \times 0.78 \text{ Kg} = 2.86 \text{ Kg}$$

$$2H_2 \quad + \quad O_2 \quad \rightarrow \quad 2H_2O \quad \uparrow$$
$$4Kg \qquad 32kg \qquad 36 \text{ kg}$$

- 04 किलोग्राम हाइड्रोजन से 36 किलोग्राम H_2O उत्पन्न होता है
- इस तरह 1 किलोग्राम हाइड्रोजन से उत्पन्न होने वाले H_2O की मात्रा
  $$= \frac{36}{04} \text{ Kg}$$
- 0.03 किलोग्राम कार्बन से उत्पन्न होने वाले H_2O की मात्रा

$$= \frac{36}{4} \times 0.03 \ \text{Kg} = 0.27 \ \text{Kg}$$

एक किलोग्राम ईंधन को जलानें से उत्पन्न अधिक ऑक्सीजन (Excess oxygen)

$$= \frac{23}{100} \times \text{प्रवाहित की गयी अधिक हवा की मात्रा (Excess air supplied)}$$

$$= \frac{23}{100} \times 3.06 \ \text{Kg}$$

$$= 0.7038 \ \text{Kg}$$

एक किलोग्राम ईंधन को जलानें से उत्पन्न नाइट्रोजन

$$= \frac{77}{100} \times \text{प्रवाहित की गयी हवा का वास्तविक वजन}$$

$$= \frac{77}{100} \times 13.06 \ \text{Kg}$$

$$= 10.0562 \ \text{Kg}$$

Question:

कोयले का वॉल्यूमेट्रिक विश्लेषण निम्न प्रकार से है

H_2	=	38%
Marsh gas	=	35%
Ethylene C_2H_4	=	2%
Triline C4H8	=	1.5%
CO	=	7%
N2	=	8%
Water vapour	=	8%

a. एक किलोग्राम ईंधन जलाने के लिए लगने वाली हवा की आवश्यकता की गणना कीजिये ?

b. एक m^3 ईंधन जलाने के लिए लगने वाली वास्तविक हवा की आवश्यकता की गणना कीजिये ?

c. ईंधन जलनें के बाद वॉल्यूमेट्रिक रूप से ड्राई प्रोडक्ट्स की गणना कीजिये?

Solution:

$1 \ m^3$ आयतन के ईंधन में निम्न अवयव हैं

H_2	=	38%	$= .38 \ m^3$
Marsh gas CH4	=	35%	$= .35 \ m^3$

Ethylene C_2H_6	=	2.5%		$= .025\ m^3$
Triline C_4H_8	=		1.5%	$= .015\ m^3$
CO	=	7%		$= .07\ m^3$
N2	=	8%		$= .08\ m^3$
Water vapour	=	8%		$= .08\ m^3$

$2\ H_2$	$+$	O_2	$\rightarrow$	$2H_2O$	$\uparrow$
$2\ m^3$		$1 m^3$		$2\ m^3$	

2 भाग हाइड्रोजन से पानी बनानें के लिए ऑक्सीजन की आवश्यक मात्रा $=$ 1 भाग ऑक्सीजन

1 हाइड्रोजन से पानी बनानें के लिए ऑक्सीजन की आवश्यक मात्रा $= \frac{1}{2}$ ऑक्सीजन

0.38m3 हाइड्रोजन से पानी बनानें के लिए ऑक्सीजन की आवश्यक मात्रा $= \frac{1}{2} X 0.38\ m3$ ऑक्सीजन

$$=0.19\ m3$$

CH_4	$+$	$2O_2$	$\rightarrow$	$CO_2 + 2H_2O$	$\uparrow$
$22.4 M^3$		$2 X 22.4\ M^3$		$22.4\ M^3\ kg$	

1 भाग CH_4 से पानी और CO_2 बनानें के लिए ऑक्सीजन की मात्रा $=$ 2 भाग ऑक्सीजन

0.35m3CH_4 से पानी और CO_2 बनानें के लिए ऑक्सीजन की मात्रा $= 2 x 0.35 m^3$ ऑक्सीजन

$$= 0.70\ m^3$$

0.35m3CH_4 से CO_2 की मात्रा $= 1 x 0.35 m^3$ कार्बन डाइऑक्साइड

$$= 0.35\ m^3\ \text{कार्बन डाइऑक्साइड}$$

C_2H_6	$+$	$3.5\ O_2$	$\rightarrow$	$2CO_2 + 3H_2O$	$\uparrow$
$1\ m^3$		$3.5 m^3$		$2\ m^3 + 3\ m^3$	

1 भाग C_2H_4 से पानी और CO_2 बनानें के लिए ऑक्सीजन की मात्रा $=$ 3.5 भाग ऑक्सीजन

0.025m3 C_2H_4 से पानी और CO_2 बनानें के लिए ऑक्सीजन की मात्रा

$$=3.5 x 0.025 m^3\ \text{ऑक्सीजन}$$
$$= 0.0875\ m^3$$

0.02m3C_2H_4 से CO_2 बननें की मात्रा $= 2 x 0.025 m^3$ ऑक्सीजन

$$= 0.05\ m^3\ \text{कार्बन डाइऑक्साइड}$$

C_4H_8	$+$	$6O_2$	$\rightarrow$	$4CO_2 + 2H_2O$	$\uparrow$
$1\ m^3$		$6 m^3$		$2\ m^3 + 2\ m^3$	

1 भाग C_4H_8 से पानी और CO_2 बनानें के लिए ऑक्सीजन की मात्रा $=$ 6 भाग ऑक्सीजन

$0.015m^3 C_4H_8$ से पानी और CO_2 बनानें के लिए ऑक्सीजन की मात्रा = $6 \times 0.015m^3$ ऑक्सीजन
$$= 0.090 \ m^3$$

$0.015m^3$ से CO_2 बननें की मात्रा $\qquad = 4 \times 0.015m^3$
$$= 0.060 \ m^3 \text{ कार्बन डाइऑक्साइड}$$

2CO	+	O_2	$\rightarrow$	$2CO_2$	$\uparrow$
$2 \ m^3$		$1m^3$		$2 \ m^3$	

2 भाग CO से CO_2 बनानें के लिए ऑक्सीजन की आवश्यक मात्रा = 1 भाग ऑक्सीजन

1 भाग CO से CO_2 बनानें के लिए ऑक्सीजन की आवश्यक मात्रा = $\dfrac{1}{2}$ ऑक्सीजन

0.07m3 CO से पानी बनानें के लिए ऑक्सीजन की आवश्यक मात्रा = $\dfrac{1}{2} X 0.07 \ m3$ ऑक्सीजन
$$= 0.0035 \ m^3$$

$0.07m^3$CO से CO_2 बननें की मात्रा $\qquad = 1 \times 0.07m^3$
$$= 0.07 \ m^3 \text{कार्बन डाइऑक्साइड}$$

कुल ऑक्सीजन की मात्रा $\qquad = 0.19+0.7+0.0875+0.09+0.035$
$$= 1.103 \ m^3$$

कुल हवा की मात्रा $\qquad = \dfrac{100}{21} \text{x ऑक्सीजन की आवश्यक मात्रा}$
$$= \dfrac{100}{21} \text{x } 1.103 \ m3$$
$$= 5.25 \ m3$$

कुल सप्लाई की गयी हवा की मात्रा $= 5.2 \times 1.4$ (as N_2=1.4)
$$= 7.28 \ m3$$

कुल कार्बन डाइऑक्साइड की मात्रा $\qquad = 0.35+0.05+0.06+.07$
$$= 0.53 \ m^3$$

Simple numerical problems on combustion calculation, on dry air basis, on moisture received basis, on ash free basis.

Questions:

कोयले का प्रयोगशाला में टेस्ट करनें के बाद निम्नलिखित डाटा प्राप्त हुए हैं,

    As received moisture = 4.5%
    Heating value = 6200 Kcal/Kg
    Moisture   = 3.05%
    V.M   = 24.8%
    F.C.   = 65.2%
    Ash   = 6.95%
    S   = 0.61%

इन्हे निम्न भाग में विभाजित कीजिये

1. Dry basis (शुष्क आधारित)
2. As received basis (प्राप्त के अनुसार)
3. Moisture and ash free basis (नमी और बिना ऐश के अनुसार)

                                                        By Kuldeep Singh

Solution:

1. Dry basis (शुष्क आधारित):

$$\text{Moisture} = 3.05\% = 0.0305 \text{ kg}$$

$$\text{Heating value} = \frac{6200}{1-0.0905} = \frac{6200}{0.9695} = 6395 \text{ Kcal/kg}$$

$$\text{V.M.} = \frac{24.8}{1-0.0305} = 25.58 \text{ Kcal/kg}$$

$$\text{F.C.} = \frac{65.2}{1-0.0305} = 7.76 \text{ Kcal/kg}$$

2. As Received Basis (प्राप्त के अनुसार)

$$\text{Heating value} = \frac{6200\,(1-0.045)}{1-0.0905} = 6107.27 \text{ Kcal/kg}$$

$$\text{V.M.} = \frac{24.2\,(1-0.045)}{1-0.0905} = 24.42 \text{ Kcal/kg}$$

$$\text{F.C.} = \frac{65.2\,(1-0.045)}{1-0.0305} = 64.2 \text{ Kcal/kg}$$

$$\text{Ash} = \frac{6.95\,(1-0.045)}{1-0.0305} = 6.84 \text{ Kcal/kg}$$

3. Moisture and ash free basis (नमी और बिना ऐश के अनुसार)

$$\text{Heating value} = \frac{6200}{(1-10.030 \quad .0695)}$$
$$= \frac{6200}{(0.9)}$$
$$= 6888.88 \text{ Kcal/kg}$$

$$\text{V.M.} = \frac{24.8}{(1-10.0305+ .0695)}$$
$$= \frac{24.8}{(0.9)}$$
$$= 27.55 \%$$

$$\text{F.C.} = \frac{65.2}{(1-10.0305+0.0695)}$$
$$= \frac{65.2}{(0.9)}$$
$$= 72.44 \%$$

$$\text{Ash} = \frac{6.95}{(1-10.0305+ .0695)}$$
$$= \frac{6.95}{(0.9)}$$
$$= 7.72 \%$$

Desclaimer

The Informations shared in this book are true and complete to best of author's knowledge, all the readers are requested to confirm the accuracy of the information given in this book from the Competent Professors/Lecturers/Teachers or from any approved records.

All recommedations are made without guarantee on the part of the author or publisher, the author and publisher desclaim any liability with the use of this information.

-   **Thanks:**

इस पुस्तक में साझा की गई जानकारी लेखक के सर्वोत्तम ज्ञान के अनुसार सत्य और पूर्ण है, सभी पाठकों से अनुरोध है कि वे इस पुस्तक में दी गई जानकारी की सटीकता की पुष्टि सक्षम प्राध्यापक/ व्याख्याताओं / शिक्षकों या किसी अनुमोदित अभिलेख से करें।

सभी सिफारिशें लेखक या प्रकाशक की ओर से गारंटी के बिना की जाती हैं, लेखक और प्रकाशक इस जानकारी के उपयोग के साथ किसी भी उत्तरदायित्व का दावा नहीं करते हैं।

-   धन्यवाद